내 나이
마흔
(개정판)

Grün, Anselm:
Müensterschwarzacher Kleinschriften 13:
Lebens Mitte Als Geistliche Aufgabe
Vier-Türme-Verlag Münsterschwarzach
ⓒ 1980 Anselm Grün

Korean Edition
ⓒ 1999 Living with Scripture Publishers, Seoul

**일러두기
1. 이 책은 같은 제목의 초판본을 새로 옮긴 새 번역본이다.
2. 이 책의 원주는 뒷부분에 모아 있고, 내용 중의 풀이는 모두 옮긴이가 붙인 역주로서 별도의 표시를 붙이지 않았다.
3. 인용 성경은 《성경》(한국천주교중앙협의회 2005)이다.

내 나이 마흔

– 중년의 위기 · 은총으로 새로 나기 –

안셀름 그륀 지음/ 이성우 옮김

성서와함께

차례

머리말 · 7

I. 중년기 극복의 길 – 타울러의 견해 · 13

   1. 중년기 위기 · 19

   2. 도피 · 23

   3. 고착 · 29

   4. 자기인식 · 38

   5. 초연함 · 48

   6. 하느님의 탄생 · 57

II. 중년기의 문제들 – 융의 견해 · 63

   1. 개성화의 과정 · 67

   2. 중년기의 문제 · 72

      1) '외적 인격'(persona)의 상대화 · 73

      2) '그림자'의 수용(대립 문제) · 75

      3) 아니마와 아니무스의 통합 · 78

      4) 죽음의 수용과 하느님과의 만남 안에서
         이루어지는 자기 개발 · 87

주 · 96

머리말

40세가 넘은 우리 수도회의 많은 '형제'(가톨릭 남자 수도원에서 수도생활을 하는 사람을 '수사'라고 부르고, 수사들 사이에서는 서로를 '형제'라고 부름)가 수도회를 떠난 것은 깊은 충격을 주었다. 그들은 대부분 20년 넘게 수도생활을 한 후 수도 공동체를 떠났는데, 그 원인을 찾던 중에 우리는 '중년기 위기'(midlife cricis)라는 현상에 봉착했다. 이 현상과 관련된 서적들에 따르면, 중년기 위기는 직업의 포기까지 이르게 할 수 있는 실존적 위기로서, 40대 사제들과 수도자들에게만 해당하는 문제가 아니다. 오히려 인생의 전환은 대부분의 사람들에게도 지금까지의 삶을 혼돈에 빠트리는 문제이다.

직업 변경, 익숙한 환경을 떠남, 이혼, 신경쇠약 그리고 다양한 종류의 정신질환 등은 극복되지 못한 중년기 위기의 징후이다.[1]

우리 수도 공동체는 신학 세미나에서 형제들의 수도회 탈퇴를 중년기 위기와 극복 가능성에 대하여 숙고하는 계기로 삼았는데, 다음 두 가지 발제 자료를 합동 토론회와 그룹별 개인 체험 나누기의 토대로 삼았다. 발제자인 피델리스 루퍼트(Fidelis Ruppert) 수사 신부는 중년기 위기를 영적인 성장의 기회로 묘사하는 독일의 신비가 요한네스 타울러(Johannes Tauler, 1300-1361)의 생각을 소개하였다. 이를 통하여 수도자들의 중년기 위기는 무엇보다도 종교적으로 극복되어야 한다는 것이 분명해졌다. 그러나 그 과정에서 인간학적이고 심리학적인 전제조건들이 간과되어서는 안 되기 때문에, 또 다른 발제자인 필자는 타울러를 통한 종교적 조명을 보완하기 위하여, 융(C. G. Jung, 1875-1961)이 중년기 문제를 심리학적인 관점에서 어떻게 보았는지 소개하였다.

  동료 수사들과 다른 수도회 수도자들이 타울러와 융의 생각에 대해 지대한 관심을 기울이는 것을 보고, 그들의 생각을 많은 사람이 접할 수 있도록 하기 위해 소책자로 출판하게 되었다. 타울러에 대한 부분은 세미나 때 발표한 피델리스 수사 신부의 발제 자료에 근거하여, 좀 더 보완하였다.[2]

중년기 위기에서 관건이 되는 것은 단순히 육체적이고 정신적인 변화에 대한 대처나 육체적이고 정신적인 에너지 감소 문제의 해결 또는 인생의 전환기에 자주 솟아 나오는 새로운 바람과 갈망의 정리가 아니다. 그것은 삶 전체의 의미를 묻게 되는 깊은 '실존의 위기'이다. 왜 나는 이렇게 많은 일을 할까? 왜 나는 나를 위한 시간을 내지 못하고 나 자신을 쉴 새 없이 몰아붙일까? 왜, 어째서, 무엇 때문에, 무엇을 위해서, 누구를 위해서? 이런 의문들이 중년기에는 자주 떠오르고 지금까지의 생활방식을 뒤흔든다. 의미에 대한 질문은 본래 종교적인 질문이다. 중년기 위기는 본질적으로 의미에 대한 위기이고 따라서 종교적인 위기이다. 그리고 이 위기는 동시에 그 자체 안에 자기 삶을 위한 새로운 의미를 발견할 기회를 내포하고 있다.

중년기 위기는 삶을 구성하고 있는 요소들을 송두리째 뒤흔들어 추려 내고 새롭게 정리한다. 신앙의 관점에서 보면, 이 위기에 하느님 자신이 작용하신다. 그분께서는 인간으로 하여금 마음을 당신께 돌리고 모든 자기착각에서 벗어나도록 하기 위해 인간의 마음을 움직이신다. 위기를 은총으로 보는 이런 관점은 중년기 위기에 대한 수많은 문헌에서 거의 나타나지 않는다. 그러나 이 관점은 결정적이다. 신앙인에게 중년기 위기는 외부로부터 다가오는 것이고, 그래서 위기를 극복하기 위해 힘의 원천인 믿음을 강화해야 하는 어떤 무엇이 아니다. 이 위기에서는 오히려 하느님 자신이 인간에게 작용하신다. 그래서 위기인 동시에 새롭고 내밀하게 하느님을 만나고 체험하게 되는 특별한 자리이다. 이 위기는 신앙의 여정 중에서 결정적인 시점이다. 즉 우리 삶을 풍요롭게 하고 우리 자신을 실현하기 위해 하느님을 이용하는지, 아니면 믿음으로 우리 자신과 삶을 하느님께 맡길 준비가 되어 있는지 결정되는 시점이다.

타울러와 융에 대한 발제 자료는 본래 우리 수도자들의 상황을 염두에 두고 쓰였다. 그러나 여기서 문제는 단순히 수도자들을 위한 해결 방법만이 아니라는 것, 그리고 결국 누구에게나 중년기 위기 문제는 정신적인 극복이 관건이라는 것과 심리학적인 방법과 도구만으로는 큰 도움을 받을 수 없다는 것을 경험으로 알게 되었다.

융은 심리학자로서 심리학적인 방법이 아니라 단식, 절제, 묵상, 전례와 같은 종교적인 실천방법을 제시한다. 많은 사람에게 종교적인 길이 개인적인 위기를 극복하는 데 아무런 도움이 되지 못하는 현실을 융은 안타깝게 생각한다. 우리는 이 소책자를 통해 종교적인 길이 구원의 길이라는 것과 중년기 위기에 몹시 쓰라리게 불거져 나오는 상처를 치유하는 방법이라는 것을 새롭게 발견하도록 용기를 주고 싶다. 종교적인 길을 새롭게 발견하는 것은 심리학이 우리에게 선사한 모든 지식을 부정하거나 그런 지식들 뒤로 퇴보하는 것이 아니다. 그것은 심리학적인 통찰을 중시하면서 최종적으로는 예수 그리스도께서 우리 자신을 인도하시도록 맡겨드리며, 그 길을 가는 것이다.

십자가를 넘어 부활의 새로운 삶으로 나아가는 '그리스도의 길'은 우리가 인간적으로도 성숙하고 건강해지는 길이다. 그러나 그런 그리스도의 길에서는 인간적인 자기실현과 모든 에너지의 개발과 같은 개념들이 중심을 이루지 않는다. 그 길에서는 하느님께서 우리에게 작용하시도록 자기 자신과 자신의 삶을 하느님께 열어드리는 것이 관건이다. 그리스도의 길에서 핵심은 인간의 자기실현과 자기영광이 아니라 모든 것을 통해 하느님의 영광을 드러내는 것이다. 그리고 하느님의 영광을 드러내는 한 가지 방법은 "우리의 죽을 육신에서 예수님의 생명도 드러나게 하도록"(2코린 4,11) 죽고 부활하여 새로운 생명을 입게 될 건강하고 성숙한 인간이 되는 것이다.

I. 중년기 극복의 길
- 타울러의 견해

타울러는 그의 《강론집》에서 40세에 대하여 자주 말한다. 40세는 인생에서 전환점이다. 인간의 모든 영적 노력은 40세 이후에야 비로소 결실을 맺고, 그런 다음에야 인간은 영혼의 진정한 평화에 도달할 수 있다. 타울러는 한 강론에서 부활과 승천 사이의 40일과 그 후 성령 강림까지의 10일을 인간이 경험하는 영적 발전의 상징으로 보았다.

> "인간은 자기가 원하는 어떤 일을 어떤 방식으로 하든, 40세가 되기 전에는 결코 참된 평화에 도달할 수도 없고, 본질상 하늘의 사람이 될 수도 없다. 그때까지 인간은 수많은 일로 분주하다. 자연본성이 그를 여기저기로 내몬다. 내면의 자연본성이 지배하는 많은 것을 인간은 하느님의 통치라고 생각한다. 그러나 인간은 40세가 되기 전에 참되고 온전한 평화에 이를 수도 없고 온전히 하늘의 사람이 될 수도 없다. 그런 다음 인간은 위로자이신 성령, 모든 것을 가르쳐 주시는 영께서 그에게 내리기까지 10년을 더 기다려야 한다."[1]

인생의 나이는 인간의 영적 여정에서 무의미하지 않다. 타울러에게 그 여정의 목표는 자기 영혼의 심연深淵에 도달하는 것이다. 학자들은 '영혼의 심연'(Seelengrund) 개념에 대하여 많은 논쟁을 벌였다. 우리는 여기서 그런 학술적인 논쟁에 가담하지 않고, 영혼의 심연을 '인간의 가장 깊은 내면의 상징'으로 받아들이고자 한다. 즉 영혼의 심연을 모든 영적인 힘이 하나로 모아지는 중심, 인간이 온전히 자기 자신에 도달하는 중심, 하느님 자신이 살아 계시는 중심의 상징으로 받아들이고자 한다. 사람은 자신의 힘으로는 영혼의 심연에 도달하지 못한다. 금욕적인 노력이나 많은 기도를 통해서 그곳에 도달할 수 있는 것은 아니다. 무엇인가를 함으로써(행위)가 아니라 오직 아무것도 하지 않고 놔둠(무위無爲)으로써만 자신의 내밀한 근본과 접촉할 수 있다.

그런데 인간은 인생의 전반부에서 주로 무엇을 할 것인가를 생각한다. 그 시기에 사람은 무엇인가를 성취하고 싶다. 순수 세속적인 영역에서뿐 아니라 종교적인 영역에서도 무엇인가를 이룩하고 싶다. 하느님께 가는 도정道程에서 영적 훈련을 통해 큰 진전을 이루고 싶다. 그 자체는 바람직하다. 그렇게 하면 삶이 바르게 정리되기 때문이다.

그러나 사람은 자신의 노력을 통해서 영혼의 심연에 도

달하지 못하고, 오직 하느님께서 자기 자신에게 작용하시도록 함으로써만 도달한다. 그리고 하느님께서는 삶과 삶의 경험을 통해서 우리에게 작용하신다. 하느님께서는 실망을 통해서 우리를 비우시고, 우리의 실패를 통해서 우리가 텅 비어 있다는 것을 드러내신다. 그분께서는 우리에게 고통을 주시고, 그 고통을 통해서 우리에게 작용하신다. 이 비워지는 체험들이 중년기에 집중된다. 그리고 이 시기에 결정적인 것은, 우리가 마음의 공허감과 삭막함을 통해서 영혼의 심연까지 인도될 수 있도록 하느님께서 우리 자신의 모든 영적 노력을 거두어 가시게 하는 것이다. 영혼의 심연에서 우리는 우리 자신의 이미지와 느낌이 아니라 참된 하느님을 만난다.

타울러에 의하면 중년기에서 관건이 되는 것은 결국 우리 자신을 하느님에 의해 비워지고 벗겨지게 하여 그분께서 우리에게 은총의 새 옷을 입혀 주시는 것이다. 따라서 중년기 위기는 사람이 폐쇄된 존재로 자기 자신 안에 머무를 것이냐 아니면 자신을 하느님과 그분의 은총을 향해 개방할 것이냐가 결정되는 중요한 전환점이다. 우리는 타울러가 그의 《강론집》에서 묘사한 중년기 위기와 그 극복에 대한 내용을 여섯 단계로 나누어 정리하고자 한다.

1. 중년기 위기

타울러는 오랫동안 수도생활을 해 온 사람들이 40세와 50세 사이에 어떤 방식으로 영적인 위기에 봉착하는지 관찰한다. 지금까지 실천해 온 모든 영적 훈련, 즉 묵상, 개인기도 및 공동기도, 성무일도, 성체조배, 이 모든 것이 한꺼번에 무미건조해진다. 그들은 그런 영적 훈련들에 대해서 무관심해지고, 공허하고 지치고 불만족스러운 느낌을 갖는다.

"모든 거룩한 생각들과 부드러운 상징, 기쁨과 환호 등 그 동안 하느님께로부터 그에게 선사된 것 모두가 이제는 사소한 것으로 여겨집니다. 그는 그런 은총으로부터 완전히 추방되어 아무런 맛도 느끼지 못하고 거기에 머물고 싶지도 않습니다. 그는 이런 상태가 마땅치 않습니다. 욕심나는 것도 없습니다. 그는 양극 사이에서 커다란 고통과 압박을 겪습니다"(174).[2]

이런 상황에 처했을 때, 문제는 우리 자신이 실천해 온 익숙한 영적 훈련방식들(기도, 묵상, 조배 등)은 아무런 도움도 안 될 뿐 아니라, 무엇이 도움이 될지 알지도 못한다는 것이다. 익숙한 것을 잃었지만, 새로운 것은 아직 찾지 못했다. 그래서 이런 처지에서는 하느님께 가까이 가는 길을 발견하지 못하기 때문에, 전래되어 온 영적 훈련 방식들과 함께 믿음 자체도 바닥에 내던져버릴 위험이 있다. 그동안 철저히 지키며 의지해 온 자신의 모든 영적 노력이 실패했음을 경험하는 것이다. 이제 외적인 형식의 지주는 사라졌다. 그래서 실망한 채 하느님께 등을 돌리기 쉽다.

그러나 타울러는 이 위기를 하느님 은총의 작품으로 본다. 하느님 자신이 인간을 위기로, 궁지로 몰아넣으신다. 그리고 그분께서 그렇게 하시는 데에는 이유가 있다. 하느님께서 인간을 진리로, 영혼의 심연으로 인도하고 싶으신 것이다. 타울러는 여기서 하느님께서는 드라크메(Drachme), 즉 영혼의 심연을 발견하기 위해서 인간의 집을 뒤집어 난장판을 만드신다는 이미지를 사용한다(루카 15,8-10: '되찾은 은전의 비유' 참조).

> "인간이 이 집으로 와 거기서 하느님을 찾는다면 그 집은 뒤집어집니다. 그러면 하느님께서는 그를 찾으십니다. 그분은 마치 무엇인가를 찾는 사람처럼 그 집을 헤쳐 뒤집으십니다. 그분은 찾는 것을 발견할 때까지 집안에 있는 것을 이리저리 내던지십니다"(172).

지금까지 자리 잡고 있던 집의 질서를 뒤집는 것은 인간에게 자신의 밑바탕을 보게 하고, 그래서 자신의 어떤 행위(노력)보다 영적 성장에 더 효과적인 자극제이다.

> "하루 밤낮 동안 능히 일흔일곱 번이나 이렇게 뒤집혀질 수 있고 자연본성이 그것을 감내할 수 있다면, 인간이 그

것을 감당하고 싶고 그런 혼돈 속에 자신을 놔둘 수 있다면, 그가 지금까지 이해했거나 그에게 주어졌던 모든 것보다 훨씬 더 유용할 것입니다. 인간이 이 혼돈 속에 자신을 놔둘 수 있다면, 지금까지 생각되었거나 발견된 인류의 모든 업적과 지침 그리고 규정보다도 이 뒤집혀지는 혼돈 속에서 말할 수 없을 정도로 훨씬 더 멀리 나아갈 것입니다"(173).

그러나 하느님께서 인간을 위기로 인도하실 때, 인간은 이 위기에 대하여 자주 잘못 반응한다. 그는 하느님께서 그에게 무엇인가를 하신다는 것과 그분이 자신에게 작용하시도록 놔두는 것이 결정적이라는 것을 인식하지 못한다. 타울러는 위기에 대하여 잘못 반응하는 다양한 방식에 대하여 묘사한다.

2. 도피

인간은 중년기 위기 앞에서 세 가지 방식으로 도피할 수 있다. 첫째 방식은 자기 자신의 내면을 보려고 하지 않는 것이다. 인간은 자기 마음의 불안을 직시하지 않고, 매우 성급하게 외부세계와 다른 사람들, 구조와 제도를 고치려고 함으로써 그 불안을 밖으로 떠넘긴다. 하느님께서 인간에게 불안을 야기하시면, 그분께서 인간의 집을 뒤집어 놓으시면, 그분께서 당신 은총의 빛으로

 "인간에게 다가오셔서 휘젓기 시작하시면, 그리고 인간이 자신이 처한 곳에서 하느님을 기다려야 한다면, 그때 인

간은 영혼의 심연에게 등을 돌리게 되고, 수도원을 뒤집어 놓고 트리어(Trier, 주교좌가 있는 독일 중서부의 고대 로마 도시)를 향해 혹은 어디론가 멀리 달아나려고 합니다. 그리고 그는 감각적인 외부지향적 행위 때문에 자신 안에 있는 영의 증거를 수용하지 못합니다"(177).

인간은 자기 자신을 개혁하려고 하지 않기 때문에 수도원을 개혁하려고 한다. 그는 자기 자신에 대한 불만족을 외부로 투사投射하고, 외적인 개혁으로 자기 영혼의 심연에 접근하려는 오류를 범한다. 그는 외부 세계를 개혁하고 개선하는 일에 몰두하고 정신이 팔려 있어서, 어떻게 자기 내면이 외적인 개혁과 보조를 맞추지 못하는지 전혀 알아차리지 못한다. 인간은 외부 세계와 싸움으로써 자기 자신과 싸워야 할 과제를 망각한다.

중년기 위기를 회피하는 둘째 방식은 외적인 영적 훈련에 매달리는 것이다. 이 방식에서 인간은 자기 내면의 문제를 다른 사람들과 주변환경에 떠넘기지 않고 자기 자신에 머문다. 그러나 그는 자신의 외적인 형식에 집착한다. 그는 자기 자신과의 내적인 분쟁을 회피하고 외적인 일에 매달린다. 내면에 귀를 기울이고 숨겨진 "내적 미로"를 주시하는 대신 "평범하고 넓은 길"에 남고 싶어 한다.

> "하지만 많은 사람들은 정반대로 외적인 훈련과 일에 몰두합니다. 그들은 마치 로마로 가야 할 사람이 북쪽을 향해 가다가 다시 남쪽으로 전환하여 네덜란드를 향해 가는 사람처럼 행동합니다. 그는 멀리 갈수록 정도正道에서 벗어나게 됩니다. 그리고 그런 사람들이 다시 돌아오면 그들은 이미 늙고 두통도 심하며 일에 대한 애정을 충족시킬 수 없습니다"(177).

중년기 위기를 회피하는 셋째 방식은 삶의 형식을 끊임없이 바꿈으로써 내적 불안을 밖으로 해소하는 것이다. 내적 불안이 충동질하기 때문에, 사람은 이런 영적 훈련에 기댔다가 곧바로 저런 훈련으로 향한다.

> "내적인 동요가 일어나면 그들은 곧장 일어나 그곳에서 다른 나라로, 다른 도시로 향합니다. 그렇게 할 수 없으

면 그들은 적어도 한 가지 다른 – 물론 또다시 외적인 면에서만 – 삶의 방식을 시작합니다. 지금은 가난한 사람이 되려고 하고, 그다음에는 독방에서 은둔생활을 하려고 하고, 그다음에는 수도원에 들어가려고 합니다"(178).

그들은 내적 위기의 해결책을 또다시 외적 형식에서 찾으리라고 기대한다. 그러나 이제 그들은 전래되어 온 형식들을 바닥에 내던지고 새로운 것을 찾는다. 타울러의 이 경험은 오늘날 끊임없이 새로운 묵상 방법을 찾아다니며 맛보려는 많은 사람에게서 확인되고 있다. 그들은 어떤 한 가지 묵상 방법에 매료되어 열광했다가 금방 다른 묵상 방법에 열광한다. 하지만 처음의 감동이 식으면, 그들은 또다시 이보다 더 좋을 수 없다고(non plus ultra) 느끼는 다른 감동으로 옮겨간다. 어떤 묵상 방법도 끝까지 해 보지 않았기 때문에, 그들은 그들 자신의 밑바탕에 도달하지 못한다. 그들은 그들 자신의 불안과 직면하지 않고, 그 불안을 끝까지 견뎌내지 않으며, 다름 아닌 역경을 통해서 그들을 자신의 내면으로 인도하고자 하시는 하느님의 음성을 듣지 않는다. 내적 변모를 도모하는 대신 그들은 외적 변화를 좇는다.

"이 역경은 많은 이들을 아헨(Aachen: 독일 북서부에 위치한 도시)으로, 로마로, 가난한 이들 속으로 그리고 독방의 은둔생활로 도주하게 만듭니다. 그러나 그때 밖으로 도주하면 할수록 자신의 내면을 발견하기는 더욱 어려워집니다. 그리고 수많은 사람들은 이 역경을 견뎌 내고 싶지 않아서 자기 이성의 이미지에 몰입하여 그 이미지를 가지고 놀이합니다. 그리고 그들은 그렇게 완전히 바닥까지 추락합니다"(178).

도피 반응은 이해될 수 있다. 왜냐하면 중년기 위기의 긍정적인 역할을 아는 사람이 적기 때문이다. 대부분 사람들은 불안감을 느끼고 자기 방식대로 반응하는데, 흔히 아무런 생각 없이 반응하기도 한다. 그렇기 때문에 영성생활에는 단계가 있고, 각 단계마다 성격과 역할이 있음을 아는 것은 중요하다.

중년기는 하느님께 가는 도정에서 결정적인 단계이다. 그러나 이 시기는 자기실현의 여정에서 고통스러운 단계이기 때문에 많은 사람은 이 단계를 보려고 하지 않고, 이 단계에 대해 '도피'라는 방어기제(defensive mechanismus: 자아가

본능이나 초자아의 압력으로 인한 불안을 해소하는 기계적이고 왜곡된 방법들)로 반응한다. 이 나이에 있는 많은 사람의 특징이 정신없이 활동하는 것인데, 이렇게 쉴 새 없이 활동하는 것은 대부분 내적 위기로부터 무의식적으로 도피하는 것이다.

하지만 대다수 사람들은 위기에 봉착할 때 혼자이기 때문에 다르게 반응하는 방식을 찾지 못한다. 그래서 우리는 중년기 위기에 봉착한 사람들을 도와주고, 그들이 자신의 역경을 통과하여 인간적으로 또 영적으로 성숙하도록 그들 곁에서 동행할 수 있는 영적 경험자를 필요로 한다.

3. 고착

중년기 위기에 대하여 반응하는 또 다른 형태는 멈추어 서는 것, 다음 발전 단계를 향해 발을 내디뎌야 한다는 요청을 따르지 않고 뒤에 남는 것, 지금까지의 생활방식에 집착하는 것이다. 심리학적인 차원에서 그것은 '원칙 고수'로 드러난다. 즉 자신의 내적 두려움을 은폐하기 위해서 기본 원칙들을 전면에 내세우는 것이다.

 종교 영역에서 이런 고착固着은 지금까지 해 온 신심행위들을 완강히 주장하는 태도로 드러난다. 종교적인 의무에 충실하고, 주일마다 규칙적으로 미사에 참례하며, 매일 하는 기도를 거르지 않는다. 그리고 종교적인 의무를 정확히 준수하는 일에 세심한 주의를 기울인다. 그러나 그 모든 행위를 통해 내적으로는 진일보하지 못한다. 오히려 완고해지고 냉혹해진다. 다른 사람들을 욕하고, 그들의 윤리적인 혹은 종교적인 느슨함을 심판하며, 자기가 그리스도인의 삶은 어떠해야 하는지 다른 사람들에게 보여 주어야 할 신심 깊은 그리스도인이라고 자처한다. 그러나 대단한 열성에도 불구하고 그런 사람들은 그리스도의 사랑과 자비를 조금도 풍기지 못한다는 인상을 준다. 그들에게서는 감동도 엿볼 수 없다. 모든 것이 옹졸함과 편협함의 냄새를 풍긴다. 그런 사람은 소심하고 기쁨이 없으며, 심판할 때는 냉혹하고 고집이 세다.

　자신이 세운 종교적 원칙과 신심행위에 집착함으로써, 사람은 내적 위기를 넘기려 하고, 이 위기로 인해 생기는 두려움을 덮어 두려고 한다. 그것은 결국 하느님께서 손수나 스스로 만들어 놓은 자아상像과 하느님상을 내 손에서 앗아가고, 나 스스로 지어 놓은 삶의 집을 무너뜨리게 하는 방식으로 나를 휘저으시는 것에 대한 두려움이다. 타울러는 갖가지 외적 원칙과 형식에 소심하게 집착하는 것을 계속해서 반대한다. 그는 강론을 통해 경건한 사람들에게서 흔히 볼 수 있는 마음의 경직성을 드러내고자 한다. 타울러는 사람들이 그토록 완고하고 소심하게 고수하려는 원칙들을 '우상'이라 칭한다. 그리고 그는 한때 라헬이 그녀의 우상 위에 앉아 있었던 것처럼(창세 31,34) 많은 사람이 그들의 우상 위에 앉아 있다고 생각한다(171 참조). 그들은 참된 하느님과의 만남을 회피하기 위해서 그들의 우상을 고수한다.

> "많은 사람은 자신의 방식(즉 사는 방식과 신심의 방식)을 좋아합니다. 그래서 자신을 하느님이나 인간, 어느 누구에게도 내맡기려고 하지 않습니다. 그는 자기 자신을 마치 사랑스런 총아처럼 보호하고, 하느님께 내맡기지 않습니다. 주님께서 직·간접으로 경고하시면, 그는 즉시 자기 방식을 내세우고, 그것을 위해 땀 한 방울 흘리려고 하지 않습니다"(152).

그는 하느님께서 직접 말을 걸어오시고 그에게 의문을 제기하실 수 있는 모든 것에 대항하여 자신을 방어한다. 자신의 수련방식을 고수하고, 그것을 자신과 하느님 사이에 둔다. 자신의 확신, 자신의 종교적인 신념이 그에게는 하느님과의 개인적인 만남보다 더 중요하다. 그는 하느님을 멀리한다. 하느님이 그에게 위험해질 수 있기 때문이다. 하느님은 그가 지금 실제로는 어떤 상태인지, 그가 실천하고 있는 종교적 행위의 동기가 무엇인지 보여 주실 수도 있다. 하느님께서 그의 종교적인 행위가 자기안위라는 것을 폭로하시는 일이 벌어질 수도 있고, 그의 불건전한 속셈과 바람 그리고 두려움을 숨기려는 시도들을 백일하에 드러내시는 일이 일어날 수도 있다. 그래서 그는 진실로 경건해지는 대신에 경건한 행위 뒤에 자신을 숨긴다. 그는 결국 전혀 경건하지 않고 자신의 행위에서 자기 자신만을 갈구한다는 사실, 자신의 안전과 자기정당성 그리고 자신의 영적인 풍요로움만을 갈구한다는 사실을 하느님에 의해 경험할 필요가 없도록 하기 위해서 경건한 종교행위를 한다. 그는 경건한 훈련들을 통해 저절로 경건해지지 않는다는 것을 알지 못한 채 경건한 훈련들을 완강하게 고집한다. 그는 자신이 훌륭하다고 강하게 믿지만, 그를 진리로 인도하고자 하시는 하느님의 직접적인 부르심은 전혀 듣지 못한다.

  이런 태도는 바리사이들의 전형적인 모습이다. 그러나

그런 태도는 믿음 안에서 진정한 하느님을 받아들이고 그분에 의해 끊임없이 변모되는 모험을 감행하지 못하는 수많은 이른바 '훌륭한 그리스도인들'에게서도 발견된다. 타울러는 하느님의 살아 있는 생명수를 마시는 대신에 폐쇄된 저수통에 만족할지도 모를 그런 사람들에 대하여 말한다. 그리고 그는 그런 성직자들이 매우 많다는 것을 개탄한다.

> "살아 있는 물을 완전히 흘려버리고, 밑바탕에는 참된 빛과 생명은 거의 없고 온통 암기한 것들만 남아 있는 성직자들이 수없이 많습니다. 그들은 언제나 감각적이고 외적인 방식과 일 그리고 그들의 규정들과 함께 뒤에 남아 있습니다. 모든 것은 밖으로부터 들었거나, 감각을 통해서 이미지의 형식으로 새겨진 것입니다. 그렇기 때문에 생명수가 솟아 나야 할 내면에는 근본적으로 아무것도 없이 메말라 있습니다. 이것이야말로 근본에서 아무것도 샘솟지 않고 모든 것이 외부에서 들어온 저수통, 들어온 대로 다시 빠지는 물통이 아니겠습니까? 그들에게 있어야 하는 것은 그들의 규정들과 그들이 자신들의 '훌륭한' 생각

에 따라 세우고 정한 그들의 방식들뿐입니다. 그들은 근본으로 돌아가지 않습니다. 그들의 근본 밑바탕에는 갈증도, 샘솟는 물도 없고, 그들은 발전하려고 노력하지도 않습니다. 그들은 감각을 통해 외부에서 유입된 방식에 따라 그들의 일을 하는 것만으로 만족합니다. 그들은 그들 스스로 만든 저수통을 고수합니다. 하느님은 그들 구미에 맞지 않습니다. 그들은 또한 살아 있는 물은 마시지 않고 그냥 내버려둡니다"(154).

타울러는 그런 사람들을 다음과 같이 묘사하며 끝맺는다.

"이런 저수통 안에 쏟아 부어진 것들, 즉 감각적인 규정들은 그 안에서 부패하여 악취를 풍기고 결국에는 말라서 없어집니다. 그렇기 때문에 남는 것은 근본적으로 격식, 고집, 완고함, 냉혹한 심판, 말과 예의뿐입니다"(154 이하).

사람들은 외적인 행위와 경건한 분주함 그리고 종교적 활동주의를 이용하여 자신의 근본 밑바탕과 관계를 맺지 못하고 있다는 사실을, 그래서 결국 하느님 자체가 그에게 낯

설다는 사실을 은폐하려고 한다. 그들은 특정한 종교적 훈련을 하면 하느님을 소유하는 것이라고 생각한다. 그들은 하느님을 자신의 신앙행위 속에 강제로 가두려고 한다. 이런 태도의 근저에는 살아 계신 하느님에 대한 두려움이 있다. 하느님께서 자신의 안전을 위해 구축해 놓은 틀과 자기 정당성을 무너뜨릴까 봐 두려워서, 그리고 자신이 참된 하느님 앞에 벌거숭이로 서게 될까 봐 두려워서, 사람들은 흠 없는 생활을 통해 보호막을 세우려고 노력한다. 그런데 이 보호막은 하느님조차 통과하실 수 없다. 그렇다면 충실하게 의무를 수행하는 근본 동기는 하느님의 손길이 닿아 사랑으로 가득 찬 마음이 아니라, 자기 자신에 대한 소심한 집착에 있는 것이다. 사람들은 자신을 하느님의 판단에 내맡기는 것과 신뢰하는 마음으로 하느님의 팔에 안기는 것이 두려워서 업적을 통해 자신을 정당화한다. 그들은 자기 자신에게 집착하면서 하느님에 대한 믿음을 거부한다.

타울러는 영적 수련을 포기하라고 권고하지 않는다. 오히려 외적인 신심행위들은 내적 인간을 목표로 삼기 때문에 또 그 내적 인간이 현세적인 애착으로부터 자유로워지는

데 도움이 되기 때문에 좋다고 권장한다.[3] 아울러 타울러는 무엇보다도 젊은이들에게 실천적인 사랑을 연습하고, 하느님의 사랑으로 인도하는 외적인 일들을 하라고 촉구한다.[4] 그러나 우리가 자신의 행위를 과대평가할 위험과 "우리가 우리 자신 안으로 들어오지 못할 정도로 외적 훈련(일)에만 열중할" 위험은 있다.[5]

타울러에게 40세는 외적인 수련을 평가하는 전환점이다. 그는 여기서 그레고리오 대교황의 《성 베네딕도 전기》를 인용한다. "구약의 사제들은 50세가 되어서야 성전의 관리자가 되었다. 50세가 되기 전까지는 단지 성전의 임무수행자일 뿐이었고 수련에 열중했다."[6] 40세 내지 50세가 되기 전까지 계속되는 외적 수련은 내적으로 성숙하고 하느님께 가까이 가는 데 필요한 발판이다. 그래서 타울러는 다음과 같이 말한다. "이 시기에 사람은 내적으로나 외적으로 평화와 자기포기 혹은 자기 자신에 대한 통제를 너무 신뢰해서는 안 된다. 왜냐하면 그 모든 것은 아직 자연본성과 혼합되어 있기 때문이다."[7] 그러나 40세 이후에 외적 수련에 지나치게 매달리고, 그 외적 수련을 자기 영혼의 심연과 접촉

하는 것보다 더 중시하는 사람은 완전히 말라버린 저수통이 될 것이다. 그의 삶은 심층에서 하느님의 내적인 자극을 느끼지 못한 채 외적인 행위로 끝날 것이다.

4. 자기인식

중년기 위기는 우리에게 우리 자신을 인식하라고 요청하는데, 이 자기인식은 동시에 그 위기를 극복하는 데 도움이 될 수 있다. 하느님의 은총이 우리를 휘젓고, 지금까지의 사고 틀과 삶의 틀을 거꾸로 뒤집어 놓을 때는, 우리 자신을 인식할 기회가 제공된다. 외적인 자신뿐 아니라 우리의 본질이 숨어 있는 그곳, 즉 우리 영혼의 심연에서 우리 자신을 인식할 수 있는 기회가 주어진다. 타울러에게 자기인식의 길은 내면으로의 전환이요, 자기 영혼의 심연에 관심을 기울이는 것이다. 그러나 자기인식은 우선 자기 내면에 숨겨져 있는 어두움과 사악함, 치졸함과 오류를 적나라하게 발견하는 것이라서 고통스럽고, 그래서 사람들은 쉽게 자기인식을 회피한다. 타울러는 자기인식을 회피하는 사람들의 상태를 극적인 이미지로 묘사한다.

> "여러분, 인간은 어떤 방법으로도 자기 근본에 도달할 수 없다는 생각이 어디서 왔다고 생각합니까? 그 원인은 이것입니다. 곧 황소머리처럼 두껍고 단단한 겉가죽이 표면에 씌워져 있기 때문입니다. 그런 두꺼운 가죽이 하느님도 자기 자신도 들어갈 수 없을 정도로 그의 내면을 뒤덮고 있습니다. 그것은 잘못 자란 것입니다. 수많은 사람이 삼십 겹 혹은 사십 겹이나 되는 겉가죽, 곰가죽처럼 두껍고 거친 시커먼 가죽을 뒤집어쓰고 있다는 것을 아십시오"(189).

가까이 갈 수 없는 사람들이 많다는 것을 우리는 자주 경험한다. 우리는 그들의 잘못을 지적해 줄 수는 있다. 하지만 그들은 건성으로 듣는다. 좋은 뜻으로 그들의 거슬리는 행동방식을 알려 줄 수 있지만 소용이 없다. 그들은 자신들의 상태를 감지하지 못한다. 타울러는 소가죽의 이미지를 빌

려 설명하면서, 그런 사람들은 하느님조차 그 두꺼운 가죽을 통과할 수 없을 정도로 그들 자신의 실재와 무관하게 산다고 말한다. 그들의 내면은 거칠고 두꺼운 가죽으로 덮여 있어서 그들 자신뿐 아니라 하느님도 들어갈 수 없다. 그런 사람들은 하느님께서 그들에게 주시는 체험을 통해서도, 긍정적인 체험이건 부정적인 체험이건, 배우지 못한다. 그들은 완고하다. 그들은 모든 사건을 자기 확인을 위해서만 이용한다. 그들은 다른 사람들의 약점은 예리하게 찾아내지만 자신의 약점은 보지 못한다.

심리학은 이런 맹목盲目을 투사(Projektion)라고 부른다. 나는 나의 약점을 다른 사람에게 투사하기 때문에 나에게서 그 약점을 볼 수 없고, 나 자신의 상태를 보지 못한다는 것이다. 그러면 그것은 다른 사람에 대한 비난과 비판 그리고 심판에서 표출된다. 타울러에게 "자기 자신을 심판하지 않고 다른 사람들을 심판하는 것은 그들이 하느님의 거짓 친구라는 표시입니다. 하느님의 참된 친구들은 그와 반대로 자기 자신 외에 아무도 심판하지 않습니다"(191).

우리는 대부분 자기인식을 거북하게 느낀다. 자기인식은

우리 얼굴에서 모든 가면을 벗겨 내고, 우리 안에 있는 것을 드러낸다. 그렇기 때문에 많은 사람들이 철저한 자기인식을 회피하는 것을 우리는 이해할 수 있다. 그런데 하느님께서는 중년기 위기 때 몸소 개입하시어 인간을 자기인식으로 이끄신다. 타울러는 인간이 자기 자신을 인식하기 시작하는 것은, 성령께서 그 사람 안에 작용하시는 징표라고 보았다. 성령의 영향 아래서 인간은 점점 더 궁지에 몰리고, 내적으로 흔들리게 된다. 그리고 성령께서는 그 사람 안에 있는 불순한 것을 드러내신다.

> "이렇게 성령께서 통과하심으로써 인간 내면에는 커다란 소용돌이가 생깁니다. 이 성령의 통과가 분명하고 참되고 적나라할수록, 인간의 행동과 욕구 그리고 회개도 더욱 더 신속하고 강렬하고 빠르며 참되고 분명합니다. 그럴수록 인간은 자신이 뒤처져 있음을 더 적나라하게 인식합니다"(192).

자기 자신의 근본에 도달하자마자 인간은 전혀 예상치 못했던 고통스러운 체험을 한다.

"아, 사람이 근본에 도달할 때 비로소 발견하는 것은 무엇인가! 지금 지극히 성스러워 보이는 것이 그때에는 얼마나 잘못된 근본임이 밝혀지는가!"(191)

우리는 사람을 중년기의 혼란으로부터 보호해야 한다고 생각한다. 그러나 타울러는 그와 반대로 중년기 혼란에서 성령의 작용을 본다. 우리의 근본까지, 우리 자신의 진리까지 치닫기 위해서, 성령께서 우리 자신을 뒤흔드시도록 해야 한다. 우리는 안심하고 우리가 쌓아온 자기도취와 독선의 탑이 무너지도록 해야 하고, 하느님께서 그런 역경에서 우리에게 하시는 일에 온전히 내맡겨야 한다.

"사랑하는 그대여, 침잠하시오. 밑바닥으로, 그대의 무無를 향해 침잠하시오. 그리고 그대가 쌓아올린 자기 만족감과 자기 정의감의 탑이 남김없이 무너지게 하시오! 지옥에 있는 모든 사탄이 그대를 덮치게 하시오! 하늘과 땅의 모든 피조물이 그대에게 놀라운 도움을 줄 것이오. 침잠하기만 하시오. 그러면 최상의 것들이 모두 그대에게 주어질 것이오"(193).

여기서 타울러가 하는 말은 용감한 말이다. 하느님께서 역경의 한가운데를 이끌고 가시리라는 신뢰를 갖고 지옥의 마귀들조차 자신을 덮치게 하라는 것이다. 자기인식은 성령에 의해서 시작된다. 그러나 인간도 자기인식 과정에서 자신의 몫을 해야 한다. 타울러는 자기인식의 길을 위해서 여러 가지 도움을 준다. 그는 자신이 하는 것과 하지 않고 놔두는 것, 자신이 좋아하는 생각과 바람 그리고 자기 본성의 특별한 약점을 어떻게 세심하게 관찰하고 검사해야 하는지 묘사한다. 자기관찰은 훈련되어야 한다.

"여러분, 인간이 자신의 생각을 제대로 인식하려면 매우 많이 노력해야 합니다. 올바른 자기인식을 위해서 사람은 밤낮으로 연구하고 '연상작업'을 해야 하며 자기 자신을 통제하고, 자기 행동을 자극하고 충동하는 것이 무엇인지 보아야 합니다. 그리고 사람은 온 힘을 모아 자신의 모든 행동을 정돈하여 하느님께 보여 드려야 합니다. 그러면 사람은 거짓된 행동을 하지 않습니다. 왜냐하면 인간이 하느님 외에 다른 무엇을 위해 하는 온갖 선행은 다 거짓이기 때문입니다. 즉 하느님이 목표가 아닌 모든 행동은 우상입니다"(195).

타울러가 여기서 권고하는 방법은 '상像을 만드는 것' (bildern)인데, 이것은 오늘날 심리학이 자기인식 기술로 활용하는 '이미지화 작업'(Imaginieren)이다. 즉 자신의 환상과 심층 그리고 무의식에서 떠오르는 이미지들을 놔두고, 그것들을 관찰하는 것이다. 그러면 사람은 종종 자신의 생각과 행동의 근본 뿌리와 근간이 무엇인지 발견할 수 있다. 이 기술의 도움을 받아, 우리는 우리 행동의 근본 동기가 무엇인지, 그 행동을 통해 우리 자신을 중심에 세우는지 아니면 하느님을 중심에 세우는지 늘 자문해야 한다고 타울러는 요청하는 것이다. 우리가 외적인 것들, 즉 우리의 성공과 역할, 직무나 직업, 소유물, 신심 형태, 훌륭한 그리스도인이라는 평판 따위에 집착하고 있는지 우리 자신을 검사해야 한다. 우리의 우상이 무엇인지 알아야 한다. 그리고 우리의 우상이 무엇인지 인식하는 즉시 우리는 그 우상으로부터 탈출하려고 노력해야 한다. 우리는 오직 하느님의 뜻만을 받아들이기 위해서 우리가 집착하고 있는 모든 것으로부터 벗어나야 한다.

까레또(C. Carretto) 수사 역시 하느님께서 우리를 중년기에 고통스러운 자기인식으로 이끄신다는 것을 체험했다. 그는 자기의 체험에 대하여 다음과 같이 말한다.

"사람들은 보통 마흔 살쯤에 그런 체험을 합니다. 40세는 인생에서 중요한 전례적인 시기이고 성서적 시기이며, 한낮에 찾아오는 사탄의 시기(Mittagsdämon), 두 번째 맞이하는 청춘의 시기, 인간에게는 결정을 내리는 시기입니다. … 40세는 지금까지 양다리 걸치기 식으로 우유부단하게 살아온 사람에게 결단을 요구하기 위해서 하느님께서 선택한 시기입니다. 등을 호되게 한 대 얻어맞고 나면 정신이 번쩍 들고 구역질과 어두움이 밀려오는데, 그것은 죄를 보거나 경험하는 것보다 더 심합니다. 인간은 자기가 누구인지 발견하게 되니, 곧 불쌍한 것, 약하고 여린 존재, 교만과 악함의 혼합물, 꾸준하지 못하고 게으르며 비논리적인 존재라는 것입니다. 인간의 이 비천함은 끝이 없고, 하느님께서는 우리가 그 비천함을 남김없이 맛보게 하십니다. …

그러나 그것으로 끝나지 않습니다. 심층에는 훨씬 더

결정적이고 포괄적인 죄가 숨겨진 채 놓여 있습니다. … 우리는 크나큰 노력을 기울일 때에야 그리고 때로는 많은 시간이 지난 후에야 그 죄를 보게 됩니다. 하지만 그 죄는 우리를 괴롭히기에 충분할 정도로 우리 의식 속에 살아 있고, 우리가 보통 고백하는 다른 모든 죄보다 우리 마음을 훨씬 더 무겁게 짓누릅니다.

　나는 우리의 전체 삶을 마치 하나의 영역처럼 감싸고, 우리가 행하거나 행하지 않을 때 언제나 현존하는 태도를 말하는 것입니다. 즉 우리가 쉽게 떨쳐버릴 수 없는 죄를 가리킵니다. 대부분 우리 눈에는 보이지 않지만 그럼에도 불구하고 우리의 전부를 손아귀에 넣고 있는 것들, 다름 아닌 게으름과 비겁함, 거짓과 과장 말입니다. 이런 것들로부터 우리의 기도조차 완전히 자유로울 수 없습니다. 그런 것들이 바로 우리의 전 실존을 무겁게 짓누르는 것입니다."[8]

이 인용문은 타울러의 체험이 혼자만의 것이거나, 신비가에게만 국한된 것이 아님을 보여 준다. 그런 체험은 영적인 삶을 살고자 갈구하는 사람 누구나 겪는다. 그렇기 때문에 이 중년기 위기를 영적 발전의 한 단계로 겪고 통과하는 사람들을 도울 수 있으려면, 영적인 삶의 법칙성을 잘 아는 것이 중요하다.

5. 초연함

자기인식 외에도 타울러는 중년기 위기를 극복하는 데 도움이 되는 또 다른 방법, 즉 '초연함'(Gelassenheit)에 대하여 말한다. 그가 여기서 말하고자 하는 것은 어떤 상황에서도 동요되지 않는 스토아철학의 침착함과 고요함이 아니라, 자기 자신을 내려놓을 수 있는 능력이다. 타울러에게 초연함은 성경에서 자기부정이라고 말하는 바로 그것, 즉 자신을 하느님 뜻에 내맡기기 위해서 자신의 뜻을 포기하는 것이다. 이 자기포기는 역동적인 측면이 있고, 하느님께로 나아가는 것을 뜻한다.

인간은 잘 되기 위해서 많은 것을 버려야 한다. 그는 악한 것과 고집과 자만을 버려야 한다. 그러나 발전을 방해한다면 선한 것도 버려야 한다. 왜냐하면 선善한 것도 더 선한 것의 적이 될 수 있고, 하느님께 가는 길에서 발전을 저해할 수 있기 때문이다. 타울러는 그것을 "하늘의 신랑이 입혀 주는 더욱더 화려한 옷을 입기 위하여"(198) 자신의 낡은 옷을 벗어 세탁하는 신부의 상징으로 표현한다. 타울러가 이해하는 낡은 옷은 단지 죄로 더럽혀진 옷뿐만 아니라 "단순히 오래되었다는 이유로 벗기에는 아직도 깨끗한 옷"(198)도 포함된다. 따라서 그는 더 훌륭한 선행에 의해 대체되어야 하는 선행과 더 높은 덕목에 의해 대체되어야 하는 낮은 덕목을 말하는 것이다.

각 나이에 알맞은 영적 훈련 형태가 있다. 청소년기에 좋았던 실천 방식에 무조건 집착해서는 안 된다. 만약 중년기 위기에 처한 어떤 사람에게 지금까지의 실천 방식이 무미건조하고 효과가 없는 것처럼 다가오면, 그것도 지금까지 잘못된 방식을 추종해 왔기 때문이 아니라, 하느님께서 이 위기를 통해 그에게 영적인 삶에서 현 단계에 알맞은 다른 방식을 찾으라고 말씀하시려는 것이라면, 묵은 방식에 집착해서는 안 된다. 어쩌면 그는 더 높은 단계의 기도를 할 능력이 생겼는지도 모른다. 기도할 때 자기 자신조차 피곤하게 하는 장시간의 독백을 계속하는 대신에, 하느님 앞에서 고요해지는 것을 배워야 하는지도 모른다. 계속해서 신심서적들을 집어삼키는 대신에 자신의 기도를 단순화해야 하는지도 모른다. 늘 새로운 영적 경험과 종교적 느낌을 체험하려는 것을 포기하고, 그 대신에 하느님 앞에서 아주 단순해지고, 영적 체험과 종교적 느낌에 대하여 많이 이야기할 수는 없지만, 하느님 현존 안에서 살아야 할 것이다.

많은 사람이 직업전선에서 성공의 원동력이 되었던 정복 의지를 종교적인 삶에도 그대로 적용하기 때문에 중년기에 종교적인 위기에 봉착한다. 그들은 끊임없이 종교적 체험을 잡으려 하고, 동시에 영적 재산을 축적하려고 한다. 기도생활의 건조함과 실망감은, 내가 이 하느님 체험에 대한 병적인 집착을 포기해야 하며, 나의 소유욕을 버리고 하느님 앞에서 단순해져야 한다는 표시이다. 하느님께 고요함, 만족, 안전, 영적 희열과 같은 은총의 선물을 달라고 끊임없이 요구하지 않고 그분께 나 자신을 온전히 내맡기는 것이 관건일 것이다.

고통을 받아들이는 마음도 초연함에 속한다. 초연함이란 조용한 시간을 갖고 그 휴식을 즐기는 것을 뜻하지 않는다. 그것은 정반대로 자신의 조용한 휴식도 버리고, 하느님께서 자신을 역경으로 몰아붙이시는 것을 받아들일 마음의 준비가 되어 있는 것을 뜻한다. "진정한 평화는 오직 역경 속에서 체험하는 평화롭지 않은 담금질에서 태어난다"(216). 그렇기 때문에 역경 및 그와 연관된 고통을 견뎌내야 한다.

> "오로지 당신 자신에 머무르십시오. 밖으로 뛰쳐나가지 마십시오. 고통을 견뎌 내십시오. 그리고 다른 무엇을 찾지 마십시오! 수많은 사람이 이 내적인 가난에 봉착하면 밖으로 뛰쳐나가고, 역경에서 벗어나기 위해 늘 다른 무엇인가를 찾습니다. 혹은 그들은 자신의 고통을 하소연하러 가거나 선생들에게 묻습니다. 하지만 그렇게 함으로써 더욱 잘못 인도됩니다. 어떤 의심도 없이 거기에 머무르십시오. 어둠이 지나면 밝은 태양이 떠오릅니다"(217).

인간은 역경 앞에서 밖으로 뛰쳐나가서는 안 되고 기다려야만 한다고 타울러는 반복해서 말한다. 인간은 자기 힘으로는 역경에서 헤어 나오지 못한다. 인간은 하느님께서 몸소 그를 역경을 통하여 새로운 영적 성숙으로 인도하시도록 기다리는 것 외에 아무것도 할 수 없다. 그리고 인간은 하느님께서 좋은 의도 없이 그를 역경에 봉착하게 하시지 않는다는 것을 신뢰해야만 한다. 하느님의 인도하심에 대한 신뢰를 갖고, 인간은 자신을 온전히 하느님 손에 맡기기 위해서 고삐를 손에서 놓을 마음의 준비를 갖추어야 한다. 중년기 위기에서 관건은 내적 인도자를 교체하는 것이다. 더 이상 내가 아니라 하느님께서 나를 인도하셔야 한다. 위기에서 하느님은 이미 활동하고 계시고, 나는 그분께서 나에게 하시는 사업을 완성하실 수 있도록 아무런 방해도 하지 말아야 한다.

타울러는 성령께서 위기를 불러일으키셨고, 역경 중에 인간에게 작용하신다는 것을 청중들에게 이해시키려고 지치지 않고 노력한다. 그렇다면 인간의 과제는 성령의 활동을 방해하지 않고,

"성령께서 당신의 일을 자신 안에서 시작하실 수 있도록 마음을 준비하고 성령께 자리와 공간을 내어 드리는 것입니다. 그렇게 하는 사람은 극히 드뭅니다. 하느님께서 바로 그렇게 하라고 선택하신 성직자들과 수도자들조차 그렇게 하지 않습니다"(180).

타울러는 성령께서 한 사람을 내적으로 변화시키고 새롭게 만들고자 하실 때 사용하는 역경을 매우 명료한 이미지들로 묘사한다. 일례로 그는 마태 10,16에 전해지는 뱀의 슬기로움에 대하여 다음과 같이 말한다.

"뱀은 늙고 쭈그러들고 악취를 풍기기 시작한다는 것을 감지하면, 두 개의 돌이 겹쳐 있는 곳을 찾아갑니다. 뱀은 묵은 껍질이 완전히 벗겨지고, 그 밑에서 새로운 껍질이 자라날 수 있도록 매우 협소한 돌 틈새를 통과함으로써 자신을 갈고 닦습니다. 인간도 자신의 묵은 껍질을 바로 그렇게 해야 할 것입니다. 그는 본성적으로 갖고 있는 모든 것, 그것이 아무리 위대하고 좋다고 할지라도 그렇게 해야 할 것입니다. 그것은 분명히 낡은 것이고 오류가 있습니다. 그렇기 때문에 본성적인 모든 것은 매우 좁게 겹쳐져 있는 두 개의 돌 틈새를 통과함으로써 갈고 닦일 것입니다"(215).

성숙해지려면, 자기 영혼의 심연에 도달하려면, 사람은 협소한 돌 틈새를 지나가야 한다. 사람은 인격적인 성장과 영적 성장을 위한 새로운 방법들을 끊임없이 찾아다닐 수는 없다. 그것은 단지 역경으로부터의 도피일 뿐이다. 사람은 협소한 돌 틈새를 지나가면서 묵은 껍질을 잃게 되고, 긁히고 찢기는 상처를 입는다 해도 언젠가 한 번은 그 좁은 틈새를 통과할 용기를 내야만 할 것이다. 결정은 마음을 조인다. 그러나 이 협곡을 통과하지 않고 성숙해지고 새로워지는 길은 없다. 내적인 인간이 매일매일 새로워지려면, 외적인 인간은 갈고 닦여야 한다(2코린 4,16 참조).

타울러의 말을 진지하게 받아들여 중년기 위기에서 하느님께서 직접 일하심을 본다면, 그 위기의 위협성과 위험성은 사라질 것이다. 그렇다면 우리는 중년기 위기를 두려워할 필요가 없다. 정반대로 우리는 그 위기를 자신이 진일보하고 하느님께 더 가까이 다가갈 수 있는 긍정적인 기회로 볼 수 있다. 그렇다면 이 위기에 처했을 때 우리에게 요청되는 것은, 하느님께서 우리에게 작용하시도록 내맡기는 마음의 준비이다.

하느님의 작용은 많은 경우 우리에게 아픔으로 다가온다. 그런 경우 우리는 우리 안에 계신 하느님을 견뎌 내야 하고, 그분께서 우리에게 보내시는 것을 짊어져야 한다. 물론 그런 과정에서 내적으로 산산조각이 나서는 안 된다. 모든 것을 자기 스스로 해결하는 것에 익숙한 사람에게 이런 태도는 쉽지 않다. 그래서 그런 사람은 적극적으로 내적 과정을 촉진하려고 함으로써 중년기 위기를 또다시 자기 능력으로 해결하려는 위험을 초래할 수 있다. 그는 기회라고 생각하고, 직접 개입하여 전래되어 온 형태들을 바닥에 내던짐으로써 그 기회를 이용하려고 한다. 타울러는 하느님께서 일하시는 데 자기 힘으로 개입하는 것을 경고한다. 우리는 역경 속에서, 또 역경을 통해서 이루어지는 하느님의 작용을 방해해서는 안 된다. 우리는 자신의 충동에 따라 지금까지의 실천 방식을 포기해서는 안 되고, 하느님께서 우리에게 그렇게 하라고 촉구하실 때 그렇게 해야 한다.

"인간을 내외적으로 선행과 하느님 사랑으로 이끄는 방식과 재료들을 스스로 떨어져 나가기 전에 버려서는 안 됩니다"(182).

사람은 하느님의 작용에 자신을 맡기는 것을 서서히 배워야 한다. 사람은 여차하면 자기 삶과 생활 방식을 스스로 계획하려고 한다. 사람은 주도권을 빼앗긴다는 두려움 때문에 모든 수동성을 불신한다. 스스로 자기 삶과 행동 방식을 규정해 온 것이 지금까지는 좋았다. 그래서 사람은 계속 그렇게 하려고 한다. 그러나 젊은이들에게는 자기 힘을 시험하고 스스로 목표를 설정하는 것이 바람직한데 반해, 성숙한 나이에는 하느님을 감수해야만 한다. 그래서 사람은 차츰차츰 자신을 하느님 뜻에 맡기고 그분의 계획에 의탁해야 한다. 그것은 자기 마음의 헌신을 요구한다.

6. 하느님의 탄생

타울러에게 중년기 위기에 필연적으로 따르는 어려움과 곤경은 인간 안에서 이루어지는 '하느님의 탄생'(Gottesgeburt)을 위한 산고일 뿐이다. 하느님께서는 이 위기의 역경 속에서 자기 영혼의 심연에 귀 기울이고, 자신의 무기력과 약점을 인식하며 하느님의 성령께 자신을 온전히 내맡기도록 인간을 자극하신다. 자기 내면에서 이루어지는 하느님의 작용을 방해할 수 있는 모든 것을 버리면, 하느님께서 영혼의 심연에서 탄생하실 수 있다. 그리고 타울러에 의하면, 인간 안에서 이루어지는 하느님의 탄생이 곧 영적인 길의 목표이다.

"나를 믿으십시오. 인간 안에서 어려운 문제가 머리를 드는 것이 아닙니다. 하느님께서 인간 안에서 새로운 탄생을 시작하시려는 것입니다. 그리고 알아두십시오. 당신에게서 역경과 압박을 거두어 가거나 진정시키거나 해소시키는 것은 늘 당신 안에서 태어납니다. 그러면 그것이 무엇이든지 간에, 즉 하느님 혹은 피조물이든지 간에, 그것은 탄생입니다. 그리고 이제 명심하십시오. 어떤 이름으로 불리든 간에, 하나의 피조물이 그대에게서 어려움을 거두어 가면, 그 피조물은 그대에게 하느님의 탄생을 완전히 망그러뜨리는 것입니다"(217).

이 본문에서 중년기 위기의 위험성이 다시 한 번 분명해진다. 사람은 내적인 압박을 밖을 향한 관심과 분주함, 신심 행위들에 대한 집착과 외적 변화를 통해서 스스로 해결하려는 유혹을 받는다. 그 모든 것은 피조물, 즉 자신이 만든 것들이다. 그것들은 우리 안에서 하느님이 탄생하시는 것을 방해한다는 것이다. 따라서 우리는 하느님을 감내하고, 그분께서 우리에게 작용하시도록 맡기고, 자신을 그분께 내어 드림으로써, 오직 하느님께서 그 내적인 압박을 거두

시도록 해야 한다. 하느님만이 우리를 압박에서 해방시켜 주실 수 있다.

> "밖으로부터든 안으로부터든 올 것은 옵니다. 모든 것을 완전히 굶게 놔두고 위로를 받으려고 하지 마십시오. 그러면 분명히 하느님께서 그대의 문제를 풀어 주실 것입니다. 그것을 위해 그대 자신을 비우고, 하느님께 온전히 맡기십시오"(217).

인간 안에서 하느님이 탄생하시는 조건은 내면으로 전환하는 것이다.

> "영혼은 내적으로 평온해지고 고요해져야 하며, 자신 안에 침잠해야 합니다. 영혼은 감각을 피해 정신 안으로 피신해야 하고 자신을 숨겨야 하며, 감각적인 것에서 완전히 떠나야 합니다. 그리고 자신 안에 고요함과 내적인 휴식의 장소를 마련해야 합니다."[9]

이런 내적 침묵 속에서 하느님의 말씀은 들리고 받아들여

질 수 있다. 그리고 인간 안에서 이루어지는 하느님의 탄생은, 예전에 마리아에게서 그랬듯이, 그런 침묵 속에서 완성된다. 아우구스티노는 마리아에 대하여 다음과 같이 말했다.

> "하느님께서 그녀에 의해 육적인 방식보다 그녀의 영혼 안에 영적인 방식으로 태어났다는 것이 마리아를 더욱 복되게 합니다."[10]

타울러가 말하는 독일 신비주의의 전형적인 개념인 '하느님의 탄생'은 인간이 하느님을 위해 마음을 열게 되고, 하느님을 만나며, 하느님에 의해 내적으로 완전히 변화되고, 온전히 하느님의 영으로 사는 능력을 갖게 되는 것을 뜻한다. 그러면 하느님은 더 이상 계명의 준수 여부를 감시하는 외부 감시자가 아니고, 사람들이 추종하는 이상향도 아니다. 그때 하느님은 한 사람에게 내재하신다. 사람은 그분을 체험하고 생생한 하느님 체험으로 산다. 하느님으로 사는 삶은 더 이상 하느님의 계명을 준수하고자 하는 의지를 거쳐야만 하는 것이 아니다. 그런 삶은 하느님에게 사로잡힌 마음, 즉 하느님께서 가까이 계심으로써 고요해지고 평온해진 마음, 성숙하고 지혜로운 마음, 너그럽고 사랑이 가득한 마음에서 자라난다.

따라서 중년기 위기에는 목표가 있다. 그 위기는 참된 인간임이 무엇인가를 깨닫고, 하느님께 나아가는 길에서 결정적인 한 발자국을 내딛을 수 있는 기회이다. 타울러가 우리에게 보여 준 것처럼 역경과 하느님 탄생의 연관성을 안다면, 우리는 중년기 위기의 초기 징후에 대하여 다르게 반응할 수 있다. 그러면 우리는 정신을 잃지 않을 것이고, 그 역경을 무사히 극복하기 위해서 모든 가능한 심리학적 방법을 시도해 보아야 한다고 생각하지 않을 것이다. 오히려 우리는 그 역경 속에서 위기를 받아들이고, 그 역경을 통해 하느님께서 우리에게 무슨 말씀을 하고자 하시는지 귀 기울여야 할 영적인 과제를 보게 된다. 우리는 수많은 방어기제들을 이용하여 우리 자신을 이 위기로부터 보호해야 할 필요가 없고, 그 위기로부터 도피할 필요도 없다. 우리는 안심하고 하느님께서 우리에게 작용하시도록 맡길 수 있다.

그리고 우리는 하느님께서 우리 집을 뒤집어 우리 내면의 잘못된 질서를 휘저으시는 것을 허락할 수 있다. 그러면 우리는 위기에 대하여 괴로워하는 대신에, 하느님께서 우리에게 작용하시는 것과 우리 마음을 항상 변화시키고 싶어 하는 그분의 영을 위해 우리의 완고함을 깨시는 것에 감사하게 될 것이다.

II. 중년기의 문제들
- 융의 견해

융(Carl Gustav Jung, 1875-1961)은, 신비가이자 설교가인 타울러와는 다른 전제에서 중년기 문제에 접근한다. 융은 심리학자이기에, 그의 연구를 경험적인 학문 방법론의 범위에 국한한다. 그는 철학적이고 신학적인 결론을 신학자들에게 유보한다. 하지만 심리학자들 역시 내담자들을 통해서 늘 부딪치는 현상이 종교다. 종교적인 체계와 이미지(형상)들 안에서 삶의 의미를 찾고자 하는 인간 정신의 노력을 보지 않고 인간의 정신을 연구할 수 없다. 융은 자연과학자로서 종교적인 의미 부여가 인간의 정신건강에 어느 정도 공헌할 수 있는지의 관점에서만 고찰한다. 종교적인 이미지들 뒤에 초월적인 실재가 있는가에 대해 융은 학자로서는 말하지 못했지만, 한 인간으로서는 매우 자주 이 실재에 대해서 고백하였다.

그런데 놀랍게도 융은 심리학에서 출발하여 타울러와 비슷한 결과에 도달한다. 이것은 올바르게 이해된 종교적인 길은 심리학적으로도 옳다는 것을 의미한다. 심리학은 종교적인 신심행위에서 건강한 형태와 잘못된 형태를 구분해내는 잣대를 우리에게 제시한다. 심리학이 제시하는 잣대가 물론 종교적인 길의 표준이 될 수는 없다. 하지만 모든 종교는 그들의 교리와 신심행위로 얼마나 인간을 정신적으로 건강하게 하는지 아니면 병들게 하는지 최소한 심리학적으로 자문해 보아야 한다. 왜냐하면 결국 종교는 인간을 구원으로, 그것도 순전히 초월적인 구원이 아니라 '인간적인 구원'으로 인도하는 길로 자처하기 때문이다.

프로이트(Siegmund Freud, 1856-1939) 학파의 심리학은 거의 전적으로 인간의 유년기에 관심을 집중하였다. 사람들은 유년기와 청소년기의 발달과정을 시기별로 정확히 연구하였다. 성인의 삶에 위기나 신경증적 징후가 나타나면, 상담자는 내담자의 현재 상황을 설명하고 치유하기 위해서 그의 어린 시절에 대하여 알아본다. 인간의 발달에 대한 고전심리학의 관심은 사춘기 청소년이 성인기로 넘어가는 17-18세의 전환기에서 끝난다.

융에 이르러서야 비로소 심리학의 시각이 변한다. 프로이트가 인생 전반기의 심리학자라면, 융은 인생 후반기의 심리학자라고 할 수 있다. 융의 관심은 성인에게서 나타나는 문제의 원인을 유아기로 거슬러 올라가 찾아내는 데 있지 않고, 그를 지금 여기서 도와줄 수 있는 방법을 찾는 데 있다. 이러한 시각의 변화는 단순한 시기時期의 문제를 넘어선다. 그것은 질적으로 다른 문제이다. 프로이트는 인간의 신경증적 문제를 전적으로 '충동'(Trieb: 본능적인 욕구)의 문제로 본다. 그리고 이 문제는 대부분 유아기에 발생한다. 그에 반해 융은 상담을 통해서 35세 이상 된 사람들이 겪는 대부분의 문제는 종교적인 성질의 것이라는 사실을 경험하였다.

1. 개성화의 과정

중년기 문제에 대한 융의 연구를 이해하려면, 우리는 그가 인간의 발달과정 즉 개성화(Individuation) 과정을 어떻게 이해했는지 간단히 살펴보아야 한다. 융은 "심리학적인 개인, 즉 따로 떨어진, 분리될 수 없는 단일체, 온전한 인격을 만드는" 과정을 개성화라고 부른다.[1] 이 과정은 크게 두 시기, 즉 인생 전반기의 외향적 시기와 후반기의 내향적 시기로 나뉘어진다.

삶의 전반기에서는 아직 완전히 무의식적으로 사는 아이가 점점 무의식을 벗어나 의식적인 '자아'를 형성하는 것이 관건이다. 융은 의식적인 인격의 핵심, 행위와 판단의 중심을 '자아'(Ich)라고 부른다. 인간은 인생의 전반기에는 자신의 자아를 계속 강화해야 한다. 그는 세상에서 자기의 확고한 입지를 세우고, 자기주장을 할 수 있어야 한다. 그러기 위해서 인간은 '외적 인격'(persona), 즉 주변 세계의 기대에 맞춘 '얼굴', 자신의 느낌과 기분을 사람들에게 적나라하게 드러내는 것을 막아 주는 '가면假面'을 만든다.[2] 자아의 주변 세계에 대한 관계는 이 '외적 인격'에 의해 이루어진다.

인간은 인생의 전반기에서 자신의 자아를 강화하고, 확고한 외적 인격을 형성하는 데 전념하기 때문에, 다른 많은 면들을 소홀히 한다. 그 결과로 '그림자'(Schatten), 말하자면 '자아의 환영幻影'(Spiegelbild des Ich)이 생긴다. '그림자'는 "인간의 심리적 측면들 중에서 억압된 측면들과 적게 혹은 전혀 살지 못한 측면들이 만나서 이루어지는데, 그런 심리적인 측면들은 애초부터 윤리적, 사회적, 교육적 혹은 여타의 다른 이유로 인해 삶에서 거의 제외되었기 때문에 배제되고 분열된 것이다."[3]

따라서 그림자는 어둡고 부정적인 면뿐 아니라 긍정적인

면도 있다. 인간 존재는 양극兩極적이다. 모든 극의 반대편에는 대립되는 극이 있다. 인간은 한 극을 의식 차원으로 끌어올리지만, 다른 한 극은 무의식에 머물러 있다. 각 특성의 반대편에는 대립되는 특성이 있다. 인간이 하나의 특성을 형성하면 할수록, 그 반대특성이 무의식 속에서 그만큼 강하게 작용한다. 이런 현상은 윤리적인 덕목에만 해당되지 않고, 융이 사고, 감각, 직관, 느낌으로 구분한 의식의 네 가지 기능에도 해당된다. 인간이 일방적으로 이성 기능만 발달시키면, 그의 무의식은 유아적-충동적 감정 표출(예를 들어 감상성)로 넘칠 것이다. '그림자' 안에 있는 특성들과 처세 방식은 대부분 다른 사람들에게, 특히 반대유형에게 투사된다['투사投射'는 '자아'가 '본능'(Id)이나 '초자아'(Superego)로부터 가해지는 압력 때문에 불안을 느낄 때, 그 원인을 외부세계로 전가시킴으로써 불안에서 벗어나려는 자아의 방어기제 중 하나임]. 그림자의 의식화를 방해하는 이 투사는 흔히 인간관계의 긴장을 유발시키는 원인으로 작용한다.

인간은 '개인적인 그림자' 외에 '집단적인 그림자'도 자신 안에 갖고 있는데, 이 집단적인 그림자는 인류 역사의 일반적인 악과 어두움을 내포하고 있다. 집단적인 그림자는 '집단 무의식'의 한 부분인데, 이 집단 무의식에는 원형原型[Archetypen: 그리스 철학자 플라톤이 모든 현상적인 것에 앞서 '이념'(Idea)이 상위에 있다고 했듯이, 융은 모든 이미지들에 앞서 '원형'이 상위에 있다고 말함]들, 신화들, 그리고 종교의 상징들에 표현되어 있는 전 인류의 체험들이 저장되어 있다. 여성적 특성과 남성적 특성의 상징이자, 모성적인 것과 부성적인 것의 상징인 아니마(anima: 남자의 여성적 측면)와 아니무스(animus: 여자의 남성적 측면)도 집단 무의식에 속한다.

인생의 전반기에 인간은 자신을 의식적인 자아와 동일시할 정도로 자기주장에 여념이 없다. 그는 큰 손실을 느끼지 않으면서 '그림자', '아니마'와 '아니무스' 그리고 '무의식'을 억제할 수 있다. 그러나 인생의 후반기에는 상황이 바뀐다.

  이 시기에는 자신의 그림자와 아니마 내지 아니무스를 수렴하는 일과 외부 투사를 중지하고 자신의 무의식으로 눈을 돌려 그곳에 있는 가치관과 특성을 의식화하는 일이 중요하다. 자아는 '자기'(Selbst)로부터 새로운 활력을 얻기 위하여 자신의 근원인 '자기'에게 되돌아가야 한다.

'자기'의 개발이 개성화 과정의 목표이다. 융은 '자기'를 "인간의 정신적인 온전함(Ganzheit)"[4)]으로 정의한다. 자아는 의식적일 뿐이고, 그림자는 무의식적인 데 비해, '자기'는 의식과 무의식 양쪽을 모두 포괄하고 있다. 인간은 '자아'에서 '자기'를 향해 발전해야 한다. 이 발전은 인간이 점점 더 무의식적인 것을 의식화하고 자신 안에 통합함으로써 이루어진다.

2. 중년기의 문제

대략 35세와 45세 사이의 중년기는 '자아'의 발달이 '자기'의 성숙을 향해 변화되어야 하는 전환점이다. 이 전환의 근본 문제는, 인간이 인생 전반기의 원칙과 도구들을 이용하여 후반기의 과제도 해결할 수 있다고 여기는 데 있다. 인생은 태양의 운행에 비유될 수 있다. 태양은 아침에 떠올라 세상을 비춘다. 정오에 태양은 정점에 도달하는데, 그때부터 햇빛은 줄어들기 시작하고 태양은 떨어지기 시작한다. 오후는 오전과 똑같이 중요하다. 그러나 오후는 다른 법칙을 따른다. 인생의 전환을 인정한다는 것은 중년기부터 외적 실재 대신에 내적 실재에 적응해야 한다는 것을 의미한다. 이

제부터는 밖으로의 팽창 대신에 본질적인 것으로의 환원, 내면을 향한 길, 내향(Introversion)이 요구된다. "젊은이들이 밖에서 찾았고 찾아야 했던 것을 오후를 맞은 인간은 내면에서 찾아야 한다."[5]

인간이 중년기에 당면하는 문제들은 인생의 후반기에 요구되고 새롭게 접해야 하는 다음과 같은 과제들과 연관되어 있다. 1) '외적 인격'의 상대화, 2) '그림자'의 수용, 3) 아니마와 아니무스의 통합, 4) 죽음의 수용과 하느님과의 만남 안에서 이루어지는 '자기'(Selbst)의 개발.

1) '외적 인격'(persona)의 상대화

중년기를 맞은 사람은 청소년기와 청년기에 인생에서 자신의 자리를 쟁취하느라 힘을 들였다. 이 투쟁은 세상에서 자기 자신을 주장할 수 있는 확고한 외적 인격을 갖추고 있어야 가능하다. 하지만 외적 인격을 확고하게 갖추는 것은 무의식을 억제함으로써 이루어진다. 중년기가 되어 무의식이 머리를 들고일어나면, 인간은 불안해진다. 그의 의식적인 가치관이 무너지고, 그는 방향을 잃고 방황하며 균형을 잃게 된다. 그러나 이러한 균형 상실이 융에게는 새로운 균형을 지향하는 목적에 부합하는 그 무엇으로 인정된다. 새롭게 이룬 균형에서는 무의식도 합당한 자리를 차지하게 된다.[6]

물론 의식적인 가치관의 붕괴는 파멸로 이어질 수도 있다. 이런 붕괴로부터 자신을 보호하기 위해서 사람들은 흔히 외적 인격에 지나치게 집착하고, 자기 직무(Amt), 일(사업), 직위를 자기 자신과 완전히 동일시하는 반응을 보인다. 융은 다음과 같이 생각한다. 직무와 직위를 자기 자신과 동일시하는 것은, "수많은 남자가 사회(집단)가 그들에게 수여한 명예 외에 도대체 아무것도 아닐 정도로 남자들에게 유혹적인 무엇이다. 이런 베일(직무나 직위) 뒤에서 참된 인격(Persönlichkeit)을 찾는 것은 헛된 일이다. 그런 거창한 장식(제복) 뒤에서는 단지 볼품없고 가련한 '난쟁이'를 발견할 수 있을 뿐이다. 직무는 개인적인 부족함을 값싸게 보상해 주기 때문에 그토록 유혹적이다."[7]

  중년기를 맞은 사람은 세상의 기대에 귀 기울이고, 자신을 외적 인격 뒤로 숨기는 대신에, 내면의 음성에 더욱 귀 기울이고, 자신의 내적 인격을 발전시켜야 할 것이다.

2) '그림자'의 수용(대립 문제)

융은 인간의 삶 전체를 대립(모순)으로 본다. 의식은 무의식과 대립해 있고, 빛은 그림자와, 아니무스는 아니마와 대립해 있다. 대립 구조는 인간에게 본질적이다. 인간은 오직 모순적인 반대 극을 단절하지 않고 자신 안으로 포용할 때에야 온전해지고, 자기(Selbst)를 향해 발전할 수 있다.

인생의 전반기에는 확고한 자아의 형성과 더불어 의식적인 것이 강조되었다. 이성은 자신이 추종했던 이상理想들을 만들었다. 그러나 무의식 속에는 그 모든 이상과 대립하는 모순적인 가치들이 있다. 인간이 이 반대되는 가치들을 배제하려고 노력할수록, 그것들은 꿈에 그만큼 더 자주 나타난다. 마찬가지로 무의식 속에는 인간이 의식적으로 취하는 행동 방식에 반대되는 가치들이 있다. 중년기는 이런 대립적인 양극에 대해서도 관심을 기울일 것과 살지 못한 '그림자'를 받아들여 그것과 마주할 것을 요청한다.

우리는 여기서 중년기에 나타나는 전형적으로 잘못된 두 가지 대처 방식을 만난다. 한 가지 방식은 의식적인 가치관의 반대 극을 보지 않는 것이다. 이런 사람들은 오래된 가치에 집착하고, 원칙고수주의자가 되며, 과거 예찬론자(laudator temporis acti)가 된다. 그들은 마음이 뻣뻣해지고 돌같이 단단해지며 편협해진다. 그들은 정신적인 변화를 모색하는 대신에 규정대로 사는 것에 매달린다.[8]

이렇게 한 사람의 생각을 마비시키는 것은 결국 대립 문제에 대한 두려움이다. 사람은 자신의 섬뜩한 '형제'(의식의 눈에 보이는 자신의 어두운 그림자)를 두려워하고 그를 인식하려고 하지 않는다. 그에게는 "절대적이어야 하는 오직 하나의 진리와 행동 노선만이 있을 수 있다. 그렇지 않으면 그 진리는 어디서나 일어날 위협적인 붕괴로부터 자신을 보호해 줄 수 없다. 자기 자신에게서 그런 붕괴가 일어나서는 안 된다."[9]

대립 문제에 대한 또 한 가지의 반응 방식은 지금까지의 모든 가치를 바닥에 내던지는 것이다. 그런 사람은 지금까지의 신념 안에서 오류를, 진리 안에서 거짓을, 지금까지의 사랑 안에서 증오를 발견하자마자, 이전의 모든 이상들을 옆으로 제쳐 두고, 과거의 자아와 반대로 살려고 시도한다. "직업 변경, 이혼, 종교 변경, 모든 종류의 배신은 반대 극으로 넘어가는 징후이다."[10] 그러고 나면 사람은 이제 마침내 지금까지 억눌러 놓았던 것을 살 수 있으리라고 생각한다. 그러나 그것을 수렴하는 대신에 사람은 지금까지 살지 못했던 것에 빠져 지금까지 살았던 것을 억누른다. 그렇게 억제는 그대로 유지되고 대상만 바뀔 뿐이다. 그리고 억제와 함께 불균형도 그대로 유지된다.

그 사람은 대립되는 가치가 지금까지의 가치를 지양止揚했다는 오류에 빠진 것이다. 그는 삶의 어떤 가치나 진리도 반대 극을 통해서 간단히 부정되지 않는다는 사실과 그것들은 오히려 서로 상대적이라는 사실을 보지 않는다. "모든 인간적인 것은 상대적이다. 왜냐하면 모든 것은 내적 대립성에 근거하고 있기 때문이다."[11]

그렇기 때문에 반대되는 가치들을 위해서 그 이전의 가치들을 부정하려는 경향은 과거의 일방성과 마찬가지로 과장된 것이다. 인생의 전반기에는 온통 의식적인 이상향들뿐이라서 그 이상향들을 의문시하는 무의식적인 환상들에 주목하지 않았다. 인생의 후반기에는 "반대 극으로의 전환이 아니라, 반대되는 가치들을 인정하면서 이전의 가치들을 보존하는 것이 관건이다."[12]

3) 아니마와 아니무스의 통합

삶의 전환기에 남자와 여자가 갑자기 이성異性의 측면을 보이는 데서도 대립 문제는 드러난다. "특히 남방 민족들에게서 나이 많은 여자들의 목소리가 저음의 쉰 소리로 변하고, 콧수염이 나며, 얼굴이 각지고, 여러 가지 측면에서 남성적인 모습으로 변하는 것을 발견한다. 반대로 신체적으로 남성인 사람들의 용모는 얼굴에 지방이 쌓이고 부드러운 표정과 같은 여성적인 모습이 나오면서 부드러워진다."[13] 융은 남성적인 것과 여성적인 것이 실체(Substanz)로서 일정량 저장되어 있는 것처럼 보인다고 생각한다. 남자는 거의 여성적인 실체만 남을 정도로 인생의 전반기에 남성적인 잠재력의 대부분을 소모한다는 것이다.[14]

그것은 남자와 여자가 중년기에 겪는 정신적인 변화에서도 드러난다고 한다.

"예를 들어 남자가 45세에서 50세 사이에 파산하고 그런 다음 여자가 바지를 입고 소매점을 여는데, 남자는 거기서 손심부름을 하는 경우가 얼마나 흔히 있는가. 40세가 넘어서야 비로소 사회적 책임감과 사회 의식에 눈을 뜨는 여자들이 무척 많다. 특히 미국의 경우, 현대 사회의 사업현장에서 40세 이후에 신경쇠약으로 무너지는(break down) 경우는 매우 흔한 일이다. 희생자를 면밀히 조사해 보면, 붕괴된 것은 지금까지의 남성적인 양식이고, 남은 것은 여성화된 남자라는 것을 알 수 있다. 거꾸로 그 시기에 엄청난 남성성과 강인한 이성을 발전시키고 가슴과 느낌은 뒷전으로 밀쳐둔 같은 연령대의 여자들을 볼 수 있다. 이런 변화는 매우 흔히 부부관계의 각종 파멸을 동반한다. 왜냐하면 남자가 자신의 부드러운 느낌을 발견하고, 여자가 자신의 이성을 발견하면 어떤 일이 벌어질지 상상하기는 어렵지 않기 때문이다."[15]

융은 여성적 측면, 특성, 원칙을 아니마(anima)라고 부르고, 남성적 측면, 특성, 원칙을 아니무스(animus)라고 부른다. 모든 사람은 자신 안에 두 가지를 다 가지고 있다. 인생의 전반기에 인간은 주로 한쪽 측면만을 발전시키고 다른 측면은 무의식으로 밀쳐낸다. 남자가 자신의 남성성만을 강조하면 아니마가 무의식으로 밀려나고, 그런 다음에는 기분과 격정적인 감정을 통해서 표출된다. "아니마는 직업과 남녀 인간에 대한 모든 정서적인 관계를 강화하고, 과장하며, 왜곡하고 신화화한다."[16]

여자에게서는 억제된 아니무스가 완고한 생각들로 표출된다. 이런 생각들은 무의식적인 전제에 근거하고 있어 흔들리지 않는다. 그것들은 더 이상 의문의 여지가 없는 신성 불가침적인 원칙들, 그 자체로 존재하는 생각들이다.

"지성적인 여자들에게서 아니무스는 필히 지성적이고 비판적으로 논거 제시하기와 사유하기를 부추기지만, 그것은 본질적으로 부차적인 결점을 터무니없는 핵심문제로 만드는 데 불과하다. 혹은 그 자체로 분명한 토론이 전혀 다른 관점, 때로는 어긋난 관점을 끌어들임으로써 절망적인 상태로 끝나게 된다. 간혹 그런 여자들은 자신이 그렇게 하는지 모르면서 오직 남자를 화나게 하는 것을 목표로 하는데, 그들은 그럴수록 완전히 아니무스에 사로잡힌다."17)

만약 남자가 자신의 여성적인 측면들, 즉 감정, 자신 안에 있는 창조적인 면과 부드러운 면을 인정하지 않으면, 그는 그것을 여자들에게 투사하고, 그러면 그들은 그에게 매혹된다. 매혹의 원인은 항상 투사에 있다. 그래서 매우 강한 정서적 감정이 동반된 젊은이들의 열애는 늘 투사와 연결되어 있다.

인생의 후반기를 맞은 남자에게는 그런 투사를 거두어들이는 것이 요청된다. 그는 자신의 마음을 강하게 끌어당기는 여자의 모든 것은 자기 자신 안에 있음을 자신에게 고백하고 긍정해야 한다. 그러나 이런 사실을 자인하는 것은 자신의 남성성만을 중시하는 남자에게는 쉽지 않은 일이다. 그것은 대단한 힘과 자기 자신에 대한 쓰라린 정직성이 요구된다고 융은 생각한다. "그림자를 인식하는 것을 나는 초보자의 작품이라고 부른다. 그에 비해 아니마를 통합하는 것은 많지 않은 사람들이 이룩해 내는 걸작품이라고 부른다."18)

융은 아니마와 씨름하는 다양한 방법들을 제시한다. 첫째 단계는 우리가 우리의 기분과 감정 그리고 정서를 억누르지 않는 것인데, 우리는 보통 그것들(기분, 감정, 정서)을 분주한 활동으로 덮어 두거나, 그것들을 내가 어쩔 수 없이 갖고 있는 약점들로 치부함으로써 그것들을 형편없는 것으로 깎아내린다. 이런 "폄하貶下기제와 부인否認기제"[19]를 나는 꿰뚫어보아야 하고, 기분과 감정으로 표출되는 무의식을 진지하게 받아들여야 한다. 나는 내 기분과 대화를 시작해야 한다. 나는 무의식이 자신을 표현하고 그렇게 의식에 도달하도록 무의식에게 기회를 주어야 한다. 감정이 나에게 무슨 말을 하려는지, 내 무의식의 어떤 측면과 바람 그리고 재능을 가리키려고 하는지 감정에게 물어봄으로써 나는 나 자신 안에 있는 아니마에게 말하도록 해야 한다. 자신의 감정 및 기분과의 이런 대화 그리고 그들 안에서 이루어지는 무의식과의 대화는 융에게 아니마를 교육시키는 중요한 기술이다.[20] 그 외의 다른 방법들은 감정능력, 음악적인 재질과 누구나 자신 안에 지니고 있는 예술적인 재질을 의식적으로 개발하는 것이다.

아니마를 통해서 남자에게 다가오는 무의식이 위험하지 않은 것은 아니다. 그것은 의식세계에 익숙한 사람을 불안하게 할 뿐 아니라, 꼼짝 못하게 사로잡고 집어삼킬 수도 있다. 그렇기 때문에 인간이 무의식과 유익한 방법으로 만나기 위해서는 보호막이 필요하다. 그리고 융에 의하면 상징들을 갖고 있는 종교가 그 보호막을 제공한다. 종교는 감정적인 것과 아니마의 창조적인 것에 관심을 갖고 있다. 종교는 그렇기 때문에 인간에게 생명을 선사하는 어머니와도 같고, 인간이 마실 수 있고, 인간을 생기 있고 창의적인 존재로 유지해 주는 풍요로운 원천과도 같다.

종교는 남자에게 그가 어머니에게서 찾는 안정감을 주지만, 동시에 그를 어머니와의 유아적인 유착愁着으로부터 떼어 내기도 한다. 융에 의하면, 인간이 자기 어머니와 유착 상태에 머물러 있을 경우, 그는 자기 감정에 맡겨진 것이고 정신건강상 위태로운 상태에 있는 것이다. 어머니와의 유착은 종종 무의식적이고, 그 유착은 그에게 어머니 역할을 하는 여자에게 자신의 아니마를 투사하는 데서 드러난다.

남자는 바로 예측불가능한 무의식이 튀어나오는 중년기에 보호막과 안정감을 갈구한다. 무의식이라는 미지의 것이 두렵기 때문에 그는 여자에게서 보호막을 찾게 된다. 그리고 이 두려움이 여자에게 남자에 대한 부적당한 힘을 주는데, 그것은 그 힘이 그녀의 소유 본능에게는 매혹적으로 보이기 때문이다. 융에 의하면, 종교는 그때 자기 자신 안에서 아니마의 풍요로움을 경험하는 데, 그리고 구체적인 여자에 대한 아니마의 투사로 인해 빠질 수 있는 매혹으로부터 그를 보호하는 데 효과적인 도구이다. 하지만 종교는 동시에 그에게 그 자신의 생동감을 위해서 꼭 필요한 아니마의 모든 생산적이고 창의적인 힘을 경험하게 한다. 왜냐하면 아니마의 힘들이 없으면 인간은 생동감과 유연성, 그리고 인정을 잃게 되기 때문이다.

> "일반적으로 때 이른 경직 현상이 발생한다. 그렇지 않으면 경화硬化, 상동증常同症(Stereotypie: 반복적이고 흔히 억제할 수 없는 것처럼 보이는, 비효율적인 운동 행동의 증상. '상동증적 운동장애'라고도 함), 극단적인 일방성, 고집, 원칙고수주의 혹은 반대로 체념, 피로, 부주의, 무책임 그리고 끝으로 알코올에 기대는 성향을 동반한 유치한 '연약함'(ramollissement)이 생긴다."[21]

남자가 자신의 아니마를 대하는 방법을 배워야 하듯이, 여자는 자신의 아니무스를 대하는 방법을 배워야 한다. 여자는 아니무스를 자신의 무의식에 접근하는 출입문으로, 그리고 자신의 무의식을 좀 더 잘 알 수 있는 가능성으로 이용해야 할 것이다. 그녀는 결코 흔들리지 않는 확신과 신성 불가침적인 원칙처럼 견고해 보이는 자신의 의견들을 비판적으로 검토하고, 그런 의견이 기인한 유래를 깊이 연구해야 할 것이다. 왜냐하면 그렇게 함으로써 그녀는 철저히 합리적인 근거가 있다고 여겼던 자신의 의견이 무의식적인 전제에 근거하고 있다는 사실을 알 수 있기 때문이다. 그렇게 아니무스는 무의식으로 들어가는 다리 역할을 하는데, 무의식 안에는 '자기화自己化'(Selbstwerdung: 자아의 아니마 내지 아니무스와의 통합)를 위해서 필요한 생산적이고 창조적인 힘들이 잠재되어 있다.

종교가 여자의 아니무스 통합을 위해 하는 역할은 남자에게 하는 역할과 다르다. 여자를 품고 보호하는 모성에서 사회참여와 책임 그리고 활동으로 이끌어내기 위해서, 그녀에게는 무엇보다도 절제와 윤리적인 요청이 중요하다. 아니무스가 아니마를 형성해야 하고, 강하게 요구하는 '아버지의 정신'이 아니마를 배태해야 한다. 그렇게 종교는 아니마에게 여자의 삶이 발전하고 성장할 수 있는 형상과 형식을 부여할 수 있다.

아니마와 아니무스의 통합을 위한 또 하나의 도움은, 안정감을 주기도 하고 안정감을 요구하고 형성할 수도 있는 공동체이다. 공동체와 담을 쌓은 사람은 삶의 흐름에서 자신을 단절하는 것이다. 융은 공동체와 담을 쌓는 원인은 자신의 감정과 열등감을 숨기는 데 있다고 본다. 그래서 외로움과 소외는 결국 결여된 사교성의 문제가 아니라 부족한 겸손의 문제이다. 동료들에게 자신을 개방하기에는 너무 자존심이 강한 사람은 자기 자신을 소외시킨다. 충분히 겸손한 사람은 결코 외롭게 혼자 있지 않는다.[22]

따라서 계속해서 의문을 제기하는 아니마와 아니무스의 힘들에 의해 외부 세계를 위해 쌓아 올린 자신의 '외적 인격'(persona)을 무너지게 하는 사람, 자신의 모순성을 솔직하게 대면하는 사람, 자신의 기분과 의견을 늘 검토하는 사람, 다른 사람에게 자신을 개방하기에 충분히 겸손한 사람,

이런 사람들에게 공동체는 아니마와 아니무스를 통합하고, 그럼으로써 정신적인 균형에 도달하는 데 효과적인 도움을 준다.

4) 죽음의 수용과 하느님과의 만남 안에서 이루어지는 자기 개발

중년기를 맞이한 인간이 접하는 근본 문제는 결국 죽음을 대하는 태도이다. 아래로 향하는 정신적인 삶의 곡선은 죽음을 향해 있다. 인간이 사후의 삶을 믿을 때에만 이 세상 삶의 종말, 즉 죽음은 합리적인 목표가 된다. 오직 그럴 때에만 인생 후반기는 그 자체로 의미가 있고 해야 할 일도 생긴다. 융에게 사후에 계속되는 삶은 믿음의 문제가 아니라 정신적인 실재의 문제이다. 심혼心魂(Seele: 신학적으로는 '영혼'으로 번역되고, 심리학적으로는 '심혼'으로 번역됨)은 그것을 합리적이라고 여긴다. 심혼은 사후의 삶을 준비함으로써 건강하게 유지된다.

중년기에 인간은 자신의 죽음과 친해져야 한다. 그는 자신의 심리학적인 노선을 '개성화' 쪽으로 계속 끌어올리기 위해서 생물학적인 삶의 하향 곡선을 의식적으로 받아들여야 한다. 융에 의하면, "중년기부터는 삶과 함께 죽고자 하는 사람만이 생기 있게 지낼 수 있다."[24] 융은 죽음에 대한 두려움을 삶에 대한 두려움과 같은 맥락에서 본다.

> "근본적으로 보면, 몹시 갈구하는 삶에 대하여 끔찍한 두려움을 갖고 있는 젊은이들이 수없이 많은데, 죽음에 대하여 똑같은 두려움을 갖고 있는 나이 먹은 사람이 아마도 더 많을 것이다. 그렇다. 나는 삶을 겁내는 바로 그 젊은이들이 나이 먹은 후에는 죽음에 대한 두려움에 더욱더 시달린다는 사실을 경험하였다. 사람들은 그 젊은이들이 삶의 정상적인 요구에 대해 유아적인 반항심을 보인다고 말한다. 그들이 나이를 먹었다면, 사람들은 사실 똑같은 말을 해야 할 것이다. 즉 그들은 마찬가지로 삶의 정상적인 요구에 대해서 두려움을 갖는다고 말이다. 그러나 사람들은 죽음을 단순히 한 과정의 끝이라고 확신하고 있어서, 마치 상승하는 젊은 인생이 목적지에서 아무것도 하지 않는 것처럼, 죽음을 목표와 충만으로 본다는 생각을 아무도 하지 못한다."[25]

삶에는 목표가 있다. 젊었을 때 삶의 목표는 세상에 적응하고 무엇인가를 이룩하는 것이다. 중년기에 삶의 목표는 변한다. 그것은 정상에 있지 않고 계곡에, 즉 오름이 시작된 그곳에 있다. 그래서 중년기에는 이 목표를 향해서 움직여야 한다. 그것을 하지 않는 사람, 자기 삶을 꽉 움켜쥐고 있는 사람, 그런 사람의 정신적인 삶의 곡선은 생리적인 곡선과의 유대를 잃는다. "그의 발 밑에서 포물선은 가속도가 붙어 추락하는데, 그의 의식은 공중에 떠 있다."[26] 죽음에 대한 두려움은 결국 살려는 의지가 없는 것이다. 왜냐하면 죽음이라는 목표를 향해 움직이는 삶의 법칙을 받아들이는 사람만이 살 수 있고, 생기 있게 지낼 수 있으며, 성장할 수 있기 때문이다.

많은 사람이 죽음이라는 목표를 내다보는 대신에 과거를 뒤돌아본다. 우리 모두는 어린 시절을 뒤돌아보며 유아 상태에 머물러 있는 30세의 젊은이에 대해서는 안됐다고 하는 반면, 우리 사회는 젊은이처럼 보이고 그렇게 행동하는 노인들에 대해서는 찬사를 보낸다. 융에 의하면, "둘 다 비틀어지고, 양식 없는 정신적인 꼴불견(부자연스러움)이다. 싸움과 승리를 경험하지 못한 젊은이는 젊은 시절에서 최상의 것을 놓친 것이다. 그리고 산꼭대기에서 계곡으로 흐르는 작은 시냇물의 신비로운 소리에 귀 기울일 줄 모르는 노인은 무딘 사람이고, 마비된 과거 외에 아무것도 아닌 정신적인 미라일 뿐이다. 그는 완전히 무의미해질 때까지 기계처럼 똑같은 일을 반복하면서 자기 삶의 변방에 서 있다. 그런 그림자 형상을 필요로 하는 문화는 도대체 무슨 문화란 말인가!"[27]

젊은 시절에 매달려 있는 것은 늙어 가는 미래에 대한 두려움의 전형적인 표시이다. 융은 묻는다.

> "지나간 학창시절을 계속해서 떠올리고 호메로스적인 영웅시절을 뒤돌아보아야 삶의 의욕을 살릴 수 있는, 하지만 평소에는 희망 없는 고루함 속에서 고목이 되어 버린 그런 불쌍한 노인들을 누가 모르겠는가?"[28]

늙는 것에 대해 마음의 준비를 하는 대신에 사람들은 영원한 소년이 된다. 융에 의하면, 그것은 "인생의 후반기에 요구되는 자각自覺('자기'의 깨달음)을 대신하는 초라한 대체물"[29]이다.

오늘날 중년기에 있는 사람들은 인생의 후반기에 당면할 문제들에 대하여 준비되어 있지 않다. 융은 비록 청소년들을 위한 학교는 있지만, 인생 후반기에 치르는 시험에서 합격할 수 있도록 교육하는 40대를 위한 학교가 없다는 것을 그 이유로 제시한다. 고대부터 종교들이 그런 학교였다. 종교들은 사람들에게 인생 후반기의 신비를 맞이할 준비를 시켜 주었다. 융 역시 중년기를 맞이한 현대인을 위해서 죽음을 예시하는 종교 외에 다른 학교를 제시하지 못한다. 왜냐하면 이 학교는 세상에서의 자기주장을 넘어, 인간이 비로소 참된 인간이 되는 영역으로 인간을 인도하기 때문이다.

융에 따르면, 인간은 자신 안에서 신성神性을 경험해야만 자신의 '자기'(Selbst)를 개발할 수 있다. 융에 의하면, '우리 안에 계신 하느님'이라는 생각, "이제는 내가 사는 것이 아니라 그리스도께서 내 안에 사시는 것입니다"(갈라 2,20)라는 바오로 사도의 말은 자기 자신을 발견한 사람의 체험을 표현하고 있다. 그리고 중년기에 있는 사람에게 결정적인 것은, 자신을 하느님께 맡기기 위해서 자신의 편협한 자아를 놓는 것이다. 하느님께 자신을 맡겨드리려고 하지 않는 사람은 결코 온전함(Ganzheit)에 이르지 못하고, 그래서 결국 정신적인 '건강'('건강'이라는 말은 어원상 '온전함', '전체성'과 같음)을 찾지 못한다.

따라서 인생의 후반기에 있는 많은 사람에게 근본 문제는 종교 차원의 문제이다. 융은 말한다. "중년기 이후, 즉 35세가 넘은 나의 모든 내담자들 중에 최종 문제가 종교적인 가치관이 아닌 사람은 한 사람도 없다. 그렇다. 누구나 살아 있는 종교들이 자기 신자들에게 항상 주었던 그것을 상실한 것이 정신적인 병의 근본 원인이다. 그리고 자신의 종교적 가치관을 다시 찾지 않고 진정으로 치유되는 사람은 아무도 없다. 물론 여기서 종교적 가치관은 종파나 교파와 아무런 연관성이 없다."[30]

자신의 정신적 건강을 위해서 꼭 필요한 하느님상像과 만나는 데 도움이 되는 도구와 방법으로, 융은 영적인 작가들의 도구와 방법을 제안한다. 융은 인간이 자기 자신을 얻기 위해서 자신을 하느님께 내어 드리는 희생, 자아 중에서 무엇인가를 봉헌하는 희생을 해야 한다고 말한다. 융이 중년기를 맞은 사람에게 요구하는 '내면으로의 전환'(Introversion)은 명상과 절제에서 완성된다. 고독과 의도적인 단식은 "무의식으로 들어가는 출입문을 열기 위한 명상을 도와주는 방법으로서 옛날부터 잘 알려져 있다."[31] 이 무의식으로 들어가는 것, 자기 자신의 깊은 내면으로 들어가는 것은 인간에게 혁신과 정신적인 거듭남을 뜻한다.

그리스도께서 말씀하시는 보물은 무의식 안에 숨겨져 있고, 종교의 상징들과 도구들만이 이 보물을 발굴할 수 있는 능력을 인간에게 준다. 그리스도께서 죽음 중에 하데스(Hades: 죽은 이들의 영혼들이 최후의 심판 전까지 머물러 있다는 곳)에 내려가시듯이, 그렇게 인간도 무의식의 힘으로 강화되어 거듭나기 위해서는 무의식의 밤을, 자기와의 만남이라는 지옥행을 통과해야 한다. 융은 중년기 위기를 통과하고 이 위기를 통해 하느님에 의해 변모된 사람들의 체험 결과를 다음과 같이 요약한다.

"그들은 자기 자신에 도달하였고, 자기 자신을 받아들일 수 있었으며, 자기 자신과 화해할 수 있었다. 그리고 그럼으로써 그들은 불쾌한 주변 상황 및 사건들도 받아들이게 되었다. 이것은 사람들이 옛날에 다음과 같은 말로 표현한 내용과 거의 동일하다. '그는 하느님과 화해하였다. 그는 하느님 뜻에 순종함으로써 자신의 뜻을 봉헌하였다.'"32)

정신적 재생, 하느님에 의한 변모는 인생 후반기의 과제이고, 나이 든 사람들의 과제이지만, 약속에 찬 과제이기도 하다. 이 과제는 심리학적인 지식보다, 우리가 '신심信心'이라고 하는 것과 우리 안에 계신 하느님의 음성을 듣기 위하여 내면으로 향하는 마음의 태도를 훨씬 더 많이 요구한다. 중년기를 맞은 인간은 모든 정신적인 힘을 모아 자기화自己化의 과제에 투신해야 한다고 융은 요청한다. 이 과제는 물론 우리가 우리 자신의 힘으로는 해결할 수 없고, 오직 '하느님의 허락하에서'(concedente deo) 성공할 수 있는 일이다.

주

머리말

1) 참조. C. G. 융, 《인생의 전환》 전집 8, 취리히 1967, 441-460쪽; 다빗(J. David), "노년의 혁명-철거 대신 변화", 〈Orientierung〉 38(1974, 151-154쪽; 불프(F. Wulf)), "한낮의 사탄 혹은 중년기 위기", 〈Geist und Leben〉 38(1965), 241-245쪽; 푀겔러(F. Pöggler), 《인생의 나이》, 마인츠 1973; 과르디니(R. Guardini), 《인생의 나이. 그 윤리적-교육학적 의미》, 뷔르츠부르크 ⁴1957; 보헷(T. Bovet), 《인생의 나이를 통한 안내》, 베른 1963; 폴머(H. Vollmer), 《중년기 위기와 그 위기 극복 방법》, 뮌헨 1977; 투르니에(P. Tournier),

《우리 인생의 계절. 전개와 완성》, 함부르크 1967; 슈라이버(H. Schreiber), 《중년기 위기. 인생의 중간에 닥치는 위기》, 뮌헨 1977.
2) 융의 견해를 다룬 소논문은 《유산과 위탁》(Erbe und Auftrag) 54호(1978)에 게재되었다.

I. 중년기 극복의 길 – 타울러의 견해

1) 타울러(J. Tauler), 《강론집》(Predigten), 호프만(G. Hofmann)이 번역·편집한 완역본, 프라이부르크 1961, 136쪽 이하(19번째 강론).
2) 봐일너(I. Weilner), 《요한네스 타울러의 회심의 길. 타울러 신비주의의 체험 토대》, 레겐스부르크 1961, 174쪽에서 인용. 타울러의 사유에 대한 우리의 묘사는 대부분 봐일너의 연구를 따랐는데, 그는 타울러의 강론들에서 영성생활을 위한 인생의 전환이 지닌 의미를 매우 훌륭하게 찾아내었다. 우리가 봐일너가 번역한 타울러의 강론집을 인용할 때는 봐일너가 편집한 본문의 쪽수를 표기한다.

3) 참조. 타울러, 523쪽(68번째 강론).

4) 참조. 타울러, 625쪽 이하(84번째 강론).

5) 타울러, 339쪽(44번째 강론).

6) 타울러, 626쪽(84번째 강론). 여기서 타울러는 베네딕도가 어떻게 유혹을 극복한 후에 다른 사람들을 위한 영성 생활의 스승이 되었는지 이야기하는 그레고리오 대교황의 둘째 대화책에서 자유롭게 인용한다. 그 대목은 다음과 같이 적혀 있다. "유혹의 고뇌에서 자유로워진 베네딕도는 이제 당당히 윤리적인 덕목의 스승이 되었다. 그렇기 때문에 모세의 책에도 규정되어 있기를 레위인들은 25세부터 봉사를 하고, 50세부터는 쉬지만 성궤의 감시자가 되어야 한다고 했다(민수 8,24-25. "이것이 레위인들에 관한 규정이다. 스물다섯 살 이상 되는 남자는 복무에 들어가 만남의 천막에서 일을 한다. 쉰 살부터는 복무를 마치고 더 이상 일을 하지 않는다")." 《대화 II》, 제2장, 크닐(C. Kniel)의 번역을 인용, 보이론 1929.

7) 타울러, 626쪽(84번째 강론).

8) 까레또(C. Carretto), 《가시덤불이 불타는 곳》, 프라이부르크 1976, 81쪽 이하.

9) 타울러, 19쪽(첫째 강론).

10) 타울러, 18쪽(첫째 강론).

II. 중년기의 문제들 – 융의 견해

1) 융(C.G. Jung), 《전집》 제9권, 올텐 1976, 293쪽.
2) 참조. 야코비(J. Jacobi), 《개성화로 가는 길》, 취리히 1965, 48쪽 이하. 훌륭하게 자리잡은 외적 인격(persona)의 필요성에 대해서는 융, 《전집》 제7권, 218쪽을 참조할 것.
3) 야코비, 《개성화로 가는 길》, 50쪽.
4) 융, 《전집》 제11권, 취리히–슈투트가르트 1963, 170쪽.
5) 융, 《전집》 제7권, 81쪽.
6) 참조. 같은 책, 178쪽 이하.
7) 같은 책, 159쪽.
8) 참조. 융, 《전집》 제9권, 151쪽.
9) 융, 《전집》 제7권, 82쪽.
10) 같은 책, 81쪽.
11) 같은 책, 82쪽.
12) 같은 곳.

13) 융,《전집》제8권, 453쪽 이하.
14) 참조. 같은 책, 454쪽.
15) 같은 책, 454쪽 이하.
16) 융,《전집》제9권, 86쪽.
17) 융,《전집》제7권, 229쪽.
18) 융,《편지》III 1956-1961, 올텐 1973, 225쪽.
19) 융,《전집》제7권, 222쪽.
20) 참조. 같은 책, 223쪽과 237쪽.
21) 융,《전집》제9권, 87쪽.
22) 참조.《편지》III, 93: "당신이 고독하다면, 그것은 당신이 당신 자신을 소외시키기 때문입니다. 당신이 충분히 겸손하다면, 결코 고독하지 않을 것입니다. 권력과 권세보다 우리를 더 소외시키는 것은 아무것도 없습니다. 밑으로 내려가서 겸손을 배우려고 노력하면, 당신은 결코 혼자가 아닐 것입니다!"
23) 참조. 융,《전집》제8권, 457쪽 이하, 469쪽 이하.
24) 같은 책, 466쪽.
25) 같은 책, 465쪽.
26) 같은 책, 464쪽.

27) 같은 책, 466쪽.
28) 같은 책, 452쪽.
29) 같은 책, 455쪽.
30) 융,《전집》제11권, 취리히-슈투트가르트 1963, 362쪽.
31) 융,《전집》제5권, 428쪽.
32) 융,《심리학과 종교》, 취리히 1947, 147쪽(이은봉 옮김, 도서출판 窓, 2001).

내 나이 마흔
– 중년의 위기·은총으로 새로 나기 –

서울대교구 인가: 1999년 5월 27일
초판 1쇄 펴낸날: 1999년 9월 20일
개정판 1쇄 펴낸날: 2004년 5월 22일
개정판 16쇄 펴낸날: 2023년 1월 20일
지은이: 안셀름 그륀
옮긴이: 이성우
펴낸이: 백인실
펴낸곳: 성서와함께
06910 서울시 동작구 흑석로 13길 7
Tel (02) 822-0125~7 / Fax (02) 822-0128
http://www.withbible.com
e-mail: order@withbible.com
등록번호: 14-44(1987년 11월 25일)

ⓒ 1999 성서와함께
성경 ⓒ 한국천주교중앙협의회

ISBN 978-89-7635-249-1 92230

* 이 책에 실린 내용은 펴낸이의 허가 없이 전재 및 복제할 수 없습니다.